Cocky

www.boekerij.nl

MICHAEL BARZILAIJ

Cocky

Verzetsheldin uit Rotterdam

BOEKERIJ

Gedicht op p. 236: M. Vasalis, 'Tijd'. Uit: *Parken en woestijnen.* A.A.M. Stols, Rijswijk 1940.

ISBN 978-90-225-8917-5
ISBN 978-94-023-1443-4 (e-book)
NUR 320

Omslagontwerp: DPS Design & Prepress Studio
Omslagbeeld: © Keeffe Archives
Zetwerk: Elgraphic

Deze uitgave kwam tot stand door bemiddeling van Sebes & Bisseling Literary Agency te Amsterdam.

Inhoud

1 Catastrofe 9
2 Inferno 22
3 Uittocht 35
4 Feniks 47
5 Bastaard 61
6 Bruiloft 72
7 Nazistraat 86
8 Untermensch 97
9 Pilotenhulp 112
10 Ondergrondse 129
11 Vluchtroute 144
12 Massapsychose 151
13 Razzia 164
14 Ondergang 176
15 Voortvluchtig 184
16 Catharsis 199
17 Eindstrijd 211

Nawoord 225
Illustratieverantwoording 238

Voor Juliën,
de jongste nakomelinge van Cocky

1

Catastrofe

In de nacht van donderdag op vrijdag 10 mei 1940 lagen de zussen Van Houte nog maar net op bed toen ze alweer opschrikten. Een diep en eindeloos geronk recht boven hun hoofd had Cocky en Jeanne bruusk wakker geschud. Toen ze in de verte ineens doffe explosies hoorden die de slaapkamerramen deden trillen, sprongen ze direct uit bed. Dit was foute boel. Het moesten wel tientallen vliegtuigen zijn die boven de stad cirkelden. Sommige ver weg, andere scheerden rakelings over de daken van Delfshaven in Rotterdam-West. Op de overloop van de slaapverdieping stamelde vader Jan iets over de Duitsers.

Vier dagen eerder, op maandagochtend 6 mei, werd bekendgemaakt dat Cocky en haar zus Jeanne de wedstrijd voor 'Mooiste Etalage van Delfshaven' hadden gewonnen. In de aanloop naar de verjaardag van prinses Juliana, die een week eerder eenendertig jaar was geworden, had de regionale feestcommissie voor het thema 'Koningshuis' gekozen en daar konden de zussen wel mee uit de voeten. Ze waren dagen in de weer geweest met mouleren, enten, karamelliseren en afblussen. De Gouden Koets met vierspan die ze uit marsepein, chocolade, pigmenten en kilo's suiker hadden opgetrokken, vulde bijna de hele etalage van hun banketbakkerij aan de Grote Visserijstraat. Met die overwinning hadden de zevenentwintigjarige Cocky en haar zesentwintigjarige zus Jeanne niet alleen een trofee en vijfentwintig gulden aan prijzen in de wacht gesleept, maar ook een lovend artikel in het *Rotterdamsch Nieuwsblad*.

Dat legde de dames geen windeieren. Heel Delfshaven stond deze dagen rijen dik voor de toonbank. Niet in de laatste plaats omdat Pinksteren en Moederdag naderden, maar ook vanwege de sterk afgeprijsde tompoezen waarop ze een stuk ouwel met de tekst 'Rotterdam 600 jaar!' hadden gelegd.

De havenstad had zeshonderd jaar eerder stadsrechten verworven en daar werden het hele jaar diverse festiviteiten aan gewijd. Kortom, niets dan feest dat deze meidagen kleurde. De opslag puilde uit, ze hadden extra werkkrachten moeten inhuren en zelfs moeder Lena, die vaak aan hevige migraineaanvallen leed en tante Zus, die al dik in de zeventig was, sprongen bij. Aan het eind van donderdag 9 mei konden de zussen hun geluk niet op; de kassa had niet eerder zo vaak gerinkeld als die dag.

Tijdens het schoonmaken mijmerden de zussen gekscherend nog even over een tweede filiaal. Ergens aan de Coolsingel, tussen de luxewinkels en uitgaansgelegenheden, waar ze zelf ook zo graag gezien werden.

Na sluitingstijd zou Cocky nog lang bezig zijn met opruimen en voorbereidingen treffen voor de dag erna, ware het niet dat haar vriend Anton opeens voor haar neus stond. Aangezien hij voor haar een verrassing in petto had, kwam de charmeur haar persoonlijk uitnodigen voor een diner in de chique Bodega Old Dutch. Hij stelde voor haar een uur later thuis op te halen. Iedereen in de banketbakkerij maande Cocky zich maar zo snel mogelijk thuis te gaan opfrissen, want zo'n speciale gelegenheid kon ze natuurlijk niet aan zich voorbij laten gaan. Zij zouden zich verder wel over de patisserie ontfermen.

Het was korter dan een jaar geleden, bedacht Cocky, dat ze als een blok voor de knappe kleermaker was gevallen toen ze elkaar in danspaleis Pschorr voor het eerst ontmoetten, dus van een jubileum kon die avond geen sprake zijn. Maar van wat dan wel?

Twee uur later moest ze zich tussen het nette gezelschap van het etablissement even beheersen toen Anton haar hoffelijk en met alle egards om haar hand vroeg. Ze had het wel willen uitschreeuwen van geluk, zo bekende ze haar zus diezelfde avond.

Zoals het een goed katholieke jongeman betaamde, bracht Anton haar na een korte wandeling over de Coolsingel naar het ouderlijk huis om haar daar opnieuw ten huwelijk te vragen, maar nu via haar vader. Die stemde meteen in. Na een aantal bellen cognac vertrok Anton rond middernacht naar zijn ouderlijke woning aan de Straatweg, gingen de ouders van Cocky naar bed en kletsten Cocky en Jeanne nog uren na totdat ze ver na middernacht ook in slaap dommelden.

Maar de nachtrust werd snel verstoord. Rond half vier klonk voor het eerst het luchtalarm. De klaarwakkere familie verzamelde zich op het balkon van de bovenverdieping en zag aan de overkant van de Maas vliegtuigen duikvluchten maken met explosies, luchtafweergeschut en vuurhaarden als gevolg. Cocky zag voor het eerst een zweem van angst in de ogen van haar onverschrokken en kalme vader. Hij had meteen beseft dat het de Waalhaven moest zijn die werd gebombardeerd. De afgelopen maanden toen hij er aan de kades stond te laden en lossen, waren de voortekenen van een mogelijke confrontatie met de Duitsers al zichtbaar; er werd rondom het militaire vliegveld Waalhaven van alles in stelling gebracht. Een bataljon Jagers arriveerde, zwaar afweergeschut werd geïnstalleerd en er werden schuttingen opgetrokken. Jan speurde meteen de radiokanalen af naar nieuwsberichten, maar er was alleen muziek te horen. Buiten in de voorjaarsnacht leek er een oorlog te zijn losgebarsten, maar in de ether was daar nog weinig van te merken. Bij de Van Houte's binnen klonk jazz.

Had Hitler een week eerder niet nog de neutraliteit van Nederland gegarandeerd? vroeg Jan zich hardop af. Na 125 jaar vrede hadden Nederlanders nog nooit een oorlog op eigen grond meegemaakt. Waren dit korte regionale acties of lag heel Nederland onder vuur? Buiten op straat zag Cocky in het halfduister mensen in nachtkleding en met warrig haar bij elkaar drommen.

Vader Jan bleef maar aan de knop van de radio draaien, totdat er ineens een krakende stem te horen was '[...] honderden vreemde vliegtuigen van onbekende nationaliteit de oostgrens passeren in westelijke richting [...]'.

Jan foeterde dat hij vanuit zijn raam kon zien dat het Duitsers waren. Hij was dan wel een bootwerker, zelden hoorde je hem schelden in het bijzijn van zijn dochters. Even later bevestigde een andere radiostem: 'Van drie uur af hebben Duitse troepen de grens overschreden. Vliegaanvallen zijn geprobeerd op enkele vliegvelden. Landmacht en afweer zijn paraat bevonden. Voor zover bekend zijn ten minste zes Duitse vliegtuigen neergehaald.'

De Duitsers hadden die nacht niet alleen de *Blitzkrieg* op de Lage Landen losgelaten, maar ook op België en Frankrijk, onder de codenaam *Fall Gelb*. Kortom, de oorlog was uitgebroken.

Het eerste bombardement op de Waalhaven had net voor vieren plaatsgevonden. Het Nederlandse afweergeschut haalde nog wel enkele Duitse vliegtuigen neer, maar al snel waren ze door de munitie heen. In mum van tijd stonden vrijwel alle grote gebouwen rond het vliegveld in lichterlaaie. De vuurgloed was door

Cocky goed te zien vanaf het balkon aan de Aelbrechtskade. Tijdens een tweede aanvalsgolf die rond vijf uur plaatsvond, zag Cocky bij het eerste ochtendlicht de lucht boven de Maas zwart worden van nog veel grotere vliegtuigen die nu ook afdaalden en waaruit honderden parachutisten naar beneden dwarrelden. Opnieuw loeiden de sirenes.

De aanvoer van zwaar materieel en troepen via vliegveld Waalhaven was van cruciaal belang voor de Duitsers, want daarna konden ze pas oprukken richting de strategisch gelegen Maasbruggen. Bij de Willemsbrug landden rond datzelfde vroege tijdstip tientallen Duitse watervliegtuigen, waarna honderden Duitse luchtlandingstroepen in gele rubberbootjes naar de kades peddelden. Rond acht uur stonden de eerste gewapende Duitse militairen op de Maaskade.

Alle Rotterdammers zaten aan de radio gekluisterd te wachten op de laatste nieuwsberichten. Ondertussen was het in huize Van Houte een komen en gaan van buurtbewoners die informatie uitwisselden of hun onvrede uitten over het gebrek eraan. Ook Anton arriveerde even later met een verontruste blik in de ogen. Gisteren had het jonge stel zich nog verloofd, nu brak er een oorlog uit en niemand wist wie exact de touwtjes in handen had.

Op zaterdag 11 mei begon men her en der al winkels te plunderen. Eerst waren het Nederlandse soldaten die zich moesten voeden om krachten op te doen voor de strijd, maar daarna deden ook burgers mee die schaarste voorzagen. Kruimeldieven zagen in de chaos hun kans schoon. Niemand was voorbereid op een oorlog en de mogelijke gevolgen, dus niemand had voldoende proviand ingeslagen; voorraden raakten al snel op, de schappen in de winkels werden niet aangevuld en leveringen bleven voorlopig uit. Kruideniers, drogisten en groenteboeren moesten er als eerste aan geloven, maar ze werden als snel gevolgd door juweliers en goudsmeden.

Toen Cocky vanuit haar slaapkamerraam bij de Mathenesserbrug een Nederlandse soldaat zag rondlopen met meerdere gouden polshorloges om, begon ze zich zorgen te maken over haar patisserie. Ze kon vanuit hun woning maar een deel van de Grote Visserijstraat zien, die aan de andere kant van de Schie lag. De banketbakkerij bevond zich net iets verder om de hoek. Cocky en Jeanne besloten poolshoogte te gaan nemen. Ze konden het verse gebak en de ingrediënten beter thuis opslaan, bedachten ze, dan het te laten stelen of wegrotten.

Het was muisstil op straat toen ze op zondagochtend richting de winkelstraat liepen. Eenmaal om de hoek van de Grote Visserijstraat troffen ze een ravage aan. Op de bloemenwinkel na, waren vrijwel alle winkels geplunderd. De banketbakkerij was er nog het ergste aan toe. Ruiten waren ingegooid, de deur was geforceerd en van de Gouden Koets met vierspan resteerde alleen wat kruimels tussen de glasscherven. De zussen lieten hun tranen de vrije loop, terwijl ze nog wat overblijfselen bij elkaar scharrelden. Pas op de terugweg zagen ze overal rookpluimen boven de stad en de havens hangen en op dat moment beseften ze dat het menens was. Net voordat ze thuis waren, laaide het geronk en gedonder in de verte weer op.

De vragen stapelden zich op. Waarom werd er zo weinig bekendgemaakt? Wist de Nederlandse defensie stand te houden? Konden de Duitsers op afstand worden gehouden? Wat voerde de regering eigenlijk uit? Was het koningshuis nog wel veilig? Het nieuws kwam slechts mondjesmaat binnen. Via radioberichten en dagbladen werd meegedeeld dat alle scholen, banken en zelfs de kerken gesloten waren. Er gold een verordening tegen hamsteren, er waren verduisteringsmaatregelen uitgevaardigd en de openbare schuilkelders waren opengesteld. Voortdurend klonk er een luchtalarm.

Bij de Van Houte's werd binnenskamers uitgebreid overlegd over het wel of niet uitwijken naar schuilkelders, familie of vrienden buiten de stad. Maar het algemene burgeradvies luidde 'blijf thuis' en dat deden ze dan ook.

Rotterdam was een grote frontlinie en het gevaar kon van alle kanten komen. De Aelbrechtskade lag volgens vader Jan buiten de strategische gevarenzone, dus ze moesten zich thuis maar even gedeisd houden totdat de storm was overgewaaid. Ook Anton bevestigde dat toen hij even later bij de Van Houte's opnieuw langskwam. Hij woonde samen met zijn ouders en twee zussen aan de Straatweg in Hillegersberg en bestierde samen met zijn vader de deftige Kleermakerij Anton Sanders aan de Mauritsweg. Hij pendelde constant tussen die adressen en dat van Cocky en kreeg zodoende meer informatie over de huidige stand van zaken. Hij zei dat veel mensen de binnenstad al ontvluchtten, maar raadde de familie Van Houte aan binnen te blijven, omdat je buiten op straat je leven niet zeker was. Nederland zou nooit opgewassen zijn tegen de Duitsers, zei hij, en veel stadsbewoners geloofden dat de nazi's het hier snel voor het zeggen zouden hebben. Ze waren al begonnen met het verbranden van boeken en documenten waarvan ze vermoedden dat ze daarmee de Duitsers weleens tegen zich in het harnas konden jagen. Anderen spoelden zelfs al hun sterkedrank door de gootsteen. Dat vond Anton te ver gaan. Ook circuleerden er de wildste geruchten: de Duitsers zouden met gratis chocola en sigaretten de Nederlanders proberen te vergiftigen – daar moesten ze dus voor de zekerheid maar van afblijven.

Tot zondag Eerste Pinksterdag leek de strijd nog kilometers van hun huis verwijderd, maar in de nacht van zondag 12 op maandag 13 mei klopte de oorlog met een mokerslag ook bij de familie Van Houte aan. Op een steenworp afstand van hun woning sloegen er enkele zware bommen in die alles op hun grondvesten deden schudden. Onmiddellijk gingen de Van Houte's samen onder de trap zitten en baden voor hun leven, terwijl ze er doorgaans toch een vrij seculiere levensfilosofie op na hielden. Tranen vloeiden, vuisten werden gebald en de Duitsers werden vervloekt.

Een aantal woningen aan de Heemraadssingel werd zwaar getroffen; er vielen veertig doden, waarvan de meesten in hun slaap. Het waren de allereerste burgerslachtoffers in Rotterdam buiten het oorlogsgebied. Er zou nog jaren na de oorlog gespeculeerd worden over de herkomst van die bommen en waarom ze juist daar waren gedropt. De Duitse *Luftwaffe* voerde tijdens die eerste vijf dagen oorlog met Nederland 's nachts geen aanvallen uit, maar de Britse RAF wel. Cocky vertelde jaren later dat 'het leek alsof die bommen bij óns naar binnen kwamen. Alle glazen, borden en lampen in ons huis trilden'.

Jan nam zich bij het ochtendgloren voor zijn vrouw en dochters nu echt weg te halen uit Rotterdam. Maar hoe? Ze hadden geen auto, maar ze konden er vast wel een meenemen uit de garage Kapitein & Jansen waarboven ze woonden. Maar waren auto's niet ook doelwitten? Bovendien, waar moesten ze naartoe? Naar Jans broer in Overschie, vrienden op het platteland in Midden-Delfland, naar een nicht in Roelofarendsveen, of de familie in Zeeland? Jan durfde het niet aan. Voor zover hij wist, behoorden stad en omringende gebieden nu tot oorlogsgebied. Ze bleven thuis.

De regering probeerde intussen grip te krijgen op de wirwar

aan paranoïde geruchten, maar droeg er ook zelf aan bij. In het centrum van Rotterdam werden honderden huizen door de Nederlandse defensie doorzocht, aangezien 'onze jongens' dachten dat zij door burgers werden beschoten, terwijl schietpartijen tussen Nederlandse militairen onderling regelmatig voorkwamen. Ook meldingen van de media waren veel te rooskleurig. De *Nieuwe Rotterdamsche Courant* van 11 mei meldde dat 'de aanval van de vijand als mislukt beschouwd kan worden'. En op maandag 13 mei opende de krant met:

> Het vliegveld Waalhaven is door onze artillerie krachtig onder vuur genomen en heeft zijn betekenis voor den vijand verloren. De Duitschers die den eersten dag van den oorlog gedaald waren, worden verjaagd en vernietigd. En ook in het binnenland is het militair gezag den toestand volkomen meester.

Het leken wel nieuwsberichten uit een ander land, want de Duitsers namen in aantallen alleen maar toe en de slag om de Willemsbrug ging ondertussen onverminderd voort. Enkele overgebleven Nederlandse bommenwerpers voerden nog wel aanvallen uit, maar misten de brug waar de Duitsers zich verschansten en verwoestten complete woonblokken op het Noordereiland. In allerlei gebouwen rondom de Nieuwe Maas vonden hevige vuurgevechten plaats. Kantoorgebouwen aan de Boompjes stonden in brand, het iconische Witte Huis werd ontruimd en een enorm passagiersschip van de Holland-Amerika Lijn stond in lichterlaaie. Ook die vuurgloed was 's avonds door het dakpaneel van de woning aan de Aelbrechtskade te zien.

In grote delen van de stad hadden mensen geen gas of water meer, de telefoon deed het af en toe en godzijdank functioneerde de elektriciteit aan de Aelbrechtskade nog waardoor ze het radionieuws konden blijven volgen. 's Nachts was het verboden lichten aan te doen, zodat de stad minder zichtbaar was als doelwit voor bombardementen. Cocky en haar ouders scholen iedere avond onder de trap bij het licht van een kaars.

Op maandag 13 mei, Tweede Pinksterdag, nam de chaos nog verder toe. Veel Rotterdammers waren door slaapgebrek doodop. Radioberichten werden steeds zorgwekkender. De Duitsers waren inmiddels heer en meester in het luchtruim boven de stad en Duitse luchtlandingstroepen landden nu ook in de wijken rondom het stadshart. Het Nederlandse leger raakte steeds verder in de verdrukking, troepen raakten uitgeput en beschikten over veel te weinig munitie.

Alhoewel alles erop duidde dat de Duitsers de strijd gingen winnen, stuitten ze toch op onverwacht hevig verzet. Tegen het eind van de ochtend op 13 mei was het geduld van de agressor op en werd besloten tot rigoureuze maatregelen. Met nog zwaardere artillerie en een kort maar hevig bombardement op de binnenstad probeerden de Duitsers de Rotterdamse weerstand te breken. Het Maasstation, station Delftse Poort, het Oostplein, het Beursstation; van de historische locaties bleef niets meer over dan puin en as. De situatie werd steeds nijpender.

De moeder van Cocky was inmiddels geveld door slaapgebrek en migraineaanvallen. Ze was een zenuwinzinking nabij. Vader Jan probeerde zijn kalmte te bewaren, maar niemand had hem ooit zo onrustig meegemaakt. Cocky en Jeanne probeerden nog bij bevriende kruideniers, groenteboeren en slagerijen aan eten te komen en Anton, zijn broer Piet en hun vader voorzagen de ramen van de kleermakerij, onder het onafgebroken lawaai van ontploffingen en vuurgevechten in de verte, van houten panelen die het bedrijf moesten beschermen tegen explosies en plunderingen.

Tegen het einde van die maandagmiddag kwam het nieuws dat de Nederlandse regering naar Engeland was uitgeweken. De Duitse overmacht bleek te groot en de Nederlandse afweer te zwak. Er werd zelfs al van een Nederlandse capitulatie gesproken en geruchten dat koningin Wilhelmina was gevlucht, maakten een verpletterende indruk.

Op dinsdag 14 mei was het 's morgens onheilspellend rustig in de stad. De radio meldde dat de Duitsers eisten dat de Rotterdammers de strijd zouden staken en zich binnen twee uur moesten overgeven, anders zou de stad volledig vernietigd worden. Dat was geen loos dreigement. Een jaar eerder hadden de Duitsers de Poolse stad Warschau immers al met de grond gelijk gemaakt.

Aan het eind van die ochtend kwam Anton weer langs bij Cocky en haar ouders. Hij had een plan bedacht om met zijn ouders, broer en zussen naar familie in Midden-Delfland uit te wijken en wilde zijn verloofde Cocky en haar familie meenemen.

Over wat zich exact voltrok in de dramatische uren die volgden deze 14 mei 1940 lopen de familieverhalen sterk uiteen.

Zo hoorde ik bijvoorbeeld dat Anton ooit heeft verteld dat uren voordat hij zijn vluchtplan uiteenzette bij de familie Van Houte er een aantal Nederlandse militairen de houten panelen voor de ramen van de kleermakerij aan de Mauritsweg af was komen slopen en hij verhaal was gaan halen. De leidinggevende militair in kwestie had gezegd dat ze op zoek waren naar rollen witte of gele stof. Die lappen wilden ze in een veld ten noorden van Rotterdam uitspreiden als markeringen voor een ophanden zijnd Brits bombardement. Anton wilde zijn medewerking verlenen, maar zei dat hij in de winkel geen rollen voeringstof had liggen, maar wel in zijn opslag aan het Oudehoofdplein, praktisch naast de Willemsbrug, de frontlinie waar de gevechten nog in volle gang waren en de Nederlandse verdedigingsposities nog met moeite standhielden. De militair stelde vervolgens aan Anton voor de rollen stof met zijn legertruck te gaan halen en die naar het noordwesten van de stad te vervoeren. Daar zouden de militairen ze overnemen.

Anton wilde twee vliegen in één klap slaan. Niet alleen kon hij de Nederlandse troepen zo hulp verlenen, ook kon hij met zijn eigen en Cocky's familie in een grote legerwagen de gevarenzone uit rijden om ergens halverwege Delft te voet verder te lopen naar de boerderij in Midden-Delfland. Het enige probleem was dat hij nog maar een uur had om samen met de legerleider de vrachtwagen met rollen stof door de frontlinie te sluizen, en als hij daarin al slaagde, onderweg de families op te pikken, de stoffen af te leveren op de gewenste locatie en via de Spaanse Polder de boerderij in Midden-Delfland te bereiken. Anton wilde dat iedereen paraat zou staan als hij hen een uur later zou oppikken.

Lena, de moeder van Cocky, verkeerde inmiddels in zo'n erbarmelijke toestand dat ze het niet kon opbrengen de deur uit te gaan. 'Ze stierf nog liever,' zou Jeanne later zeggen. Anton had daarop nog eens de ernst van de situatie benadrukt en zei dat de Duitsers te kennen hadden gegeven dat als Rotterdam zich niet gewonnen zou geven, niet alleen de havenstad met de grond gelijk zou worden gemaakt, maar ook Amsterdam, Utrecht, Haarlem en Den Haag. Omdat de Nederlandse legerleiding niet had gereageerd op het ultimatum, maakte hij zich grote zorgen over het lot van de stad en haar inwoners. 'De bom kon,' zo had hij gezegd, 'ieder moment barsten.' Moeder Lena bleek onvermurwbaar en haar echtgenoot Jan en dochter Jeanne besloten daarop bij haar te blijven.

Over hoe Cocky en Anton vervolgens op de fiets in het epicentrum van de vuurgevechten terechtkwamen, doen ook verschillende verhalen de ronde.

Hoogstwaarschijnlijk is Cocky meegegaan naar de opslagplaats van de kleermakerij vlak bij de Willemsbrug om daar de legervrachtwagen te vullen met rollen stof. Jammer genoeg is er door geen van de kinderen of familieleden ooit goed doorgevraagd over de details van deze trip.

Het moet rond kwart over een zijn geweest toen Cocky en Anton zich niet verwijderden van het hart van de strijd, maar er juist naartoe fietsten. Rond half twee zag het verloofde stel boven het oosten van Rotterdam tientallen eskaders bommenwerpers naderen. Cocky en Anton vertelden verder aan hun naasten dat ze zich ten tijde van het grote bombardement op de kade van de Noordblaak bevonden. Het volgende moment dat ze zich herinnerden is dat ze bij zinnen kwamen onder het puin van een gebouw dat ze waren binnengevlucht.

Op basis van de verhalen van familieleden, feiten en wat verbeelding, kan een plausibele reconstructie worden gemaakt van wat het stel in Rotterdams donkerste uur is overkomen. De legertruck die inmiddels al voor de opslagplaats van de kleermakerij aan het Oudehoofdplein stond te wachten, zullen ze nooit weten te bereiken.

2

Inferno

Toen de gouden wijzers van de stadhuisklok aan de Coolsingel op 14 mei drie voor halftwee aangaven, was het uur U voor Rotterdam aangebroken en zou de stad nooit meer hetzelfde zijn. Cocky en Anton sloeg de schrik om het hart bij het aangezicht van zoveel bommenwerpers in aantocht. Ze bedachten zich geen seconde, lieten hun fiets prompt achter op de kade van de Noordblaak en renden voor hun leven, terwijl ze in blinde paniek een geschikte schuilplaats zochten.

Op datzelfde moment hing een 250 kilo wegende hoogexplosieve brandbom al bijna twee uur in het bommenrek van een Heinkel-bommenwerper die Rotterdam vanuit Capelle aan den IJssel naderde. Deze Heinkel vloog in de voorhoede van twee kordons die samen uit negentig tot aan de nok toe gevulde bommenwerpers bestonden die maar één missie voor ogen hadden: de totale vernietiging van de havenstad. De eskaders van Kampfgeschwader 54 waren op persoonlijk bevel van nazi-opperbevelhebber Hermann Göring rond half twaalf vanuit Bremen in twee aanvalsgolven richting de Maasstad gevlogen met als doel de Nederlandse weerstand te breken en de capitulatie te bespoedigen.

Tot op de dag van vandaag zal er gedebatteerd worden over wat zich die dinsdagmiddag 14 mei precies afspeelde, maar over het feit dat de nazi's de oorlogsethiek aan hun laars lapten door dood en verderf te zaaien onder de Rotterdamse burgers en de moraal te breken met excessief veel geweld, wordt inmiddels niet langer getwijfeld. Daarentegen was de Rotterdamse verdediging hardnekkig en weigerde de Nederlandse regering zich over te geven en burgers te evacueren. Daardoor vielen de Rotterdammers niet onder het oorlogsrecht, want dat stond een aanval op een verdedigde stad toe. Na de Tweede Wereldoorlog ontstond een jarenlang debat over de vraag of de vernieling van Rotterdam een militaire handeling was die volgens internationaal oorlogsrecht was toegestaan, of dat het een onethische terreurdaad was.

Naar verluidt zouden Hitler en Göring woest zijn geweest over het verlies van ruim vijfhonderd vliegtuigen boven Nederland en het voortdurende verzet. De ambitieuze Göring had de smaak te pakken gekregen bij het vernietigende bombardement op Warschau en wilde nog eens succesvol zijn stempel drukken op de Blitzkrieg. En dus liet de veldmaarschalk 'de wolven' van zijn Luftwaffe opnieuw los op een andere grote, opstandige Europese stad.

Rond de tijd dat de Duitse eskaders de daling boven Rotterdam inzetten, hing de Rotterdamse witte vlag al bijna uit en was de capitulatie bij wijze van spreken al getekend. Toch bleek dat nieuws de bommenwerpers niet te stoppen. Of het onwetendheid of onwil was van de Duitse bevelhebbers, daarover lopen de meningen van historici uiteen. In ieder geval waren de radio's van de Duitse bommenwerpers van goede kwaliteit, daar kon de communicatiestoornis niet aan hebben gelegen. Ook waren er vanaf het Noordereiland al enkele rode vuursignalen afgestoken die de luchtaanval dienden af te breken. Volgens sommige historici dienden die lichtkogels niet als stopsignaal, maar juist ter markering van de Duitse locaties die door de bommenwerpers gemeden moesten worden. Hoe dan ook, geen enkele bommenwerper brak zijn missie af, het luchtalarm begon te loeien en het lot van Rotterdam was bezegeld.

Cocky en Anton zullen over de Kleine Wijnbrug zijn gerend en direct beschutting hebben gezocht in een van de smalle steegjes langs het water. Dat was in ieder geval het enige wat ze na de oorlog nog wisten te vertellen. Cocky en Anton kenden die plek op hun duimpje. Niet alleen was sinds mensenheugenis het eeuwenoude financiële centrum en het oude postkantoor er aan het water gevestigd, ook tal van leveranciers waar de kleermakerij van Anton en zijn vader zaken mee deden. De Joodse pelshandelaar Pelletrie Russe bijvoorbeeld, waar Anton en zijn vader bont inkochten, net als de oude Joodse Rudolf Moos met zijn schoenenwinkel Salamander. Julius Weinberg verkocht er volgens Cocky 'prachtige japonstoffen'. Daarnaast prijkte het statige warenhuis Gerzon.

Langs de kades van de Blaak was het dichtbebouwd. Er reden constant trams knarsend en piepend op en neer, het verkeer was er wegens verkeersdrukte vaak gestremd, maar het was er altijd oergezellig. Het majestueuze achttiende-eeuwse beursgebouw waarvan de open binnenplaats was overdekt met een gietijzeren koepeldak, was een architectonisch wonder. Aan het water lag de drukke overdekte Zeevischmarkt en daartegenover restaurant Het Gouden Hoofd, opgetrokken in de al uit zwang geraakte bouwstijl van de Amsterdamse School. Daar weer naast de sigarenhandel van Weinthal en als je vanaf de Kleine Wijnbrug naar het oosten keek, met de luisterrijke achttiende-eeuwse Lutherse kerk in je rug, prijkte het statige post- en telegraafkantoor op de kop van de pittoreske haven van de Blaak.

Cocky en Anton vingen nog een laatste glimp op van hun geliefde historische binnenstad, een kwartier later zou er vrijwel niets meer van over zijn. Ossip Zadkine's iconische sculptuur *De verwoeste stad* werd jaren na de oorlog niet zomaar vlak bij die plek op de kop van de Leuvehaven geplaatst, maar omdat juist daar het oude stadshart weg werd gerukt. Zadkine zei hier later over: 'Het beeld wil het menselijk lijden belichamen dat een stad moest ondergaan die slechts, met Gods genade, wilde leven en bloeien als een woud. Een kreet van afschuw om de onmenselijke wreedheid van dit beulswerk.'

Cocky en Anton konden zoals gezegd op verschillende plekken beschutting hebben gezocht, maar het is niet onwaarschijnlijk dat ze de Kleine Wijnbrug over zijn gevlucht, weg bij het open water, de Kleine Posthoornsteeg in die vanwege de dichte bebouwing meer beschutting bood. Die vrijdag ervoor was er tijdens hevige gevechten rond middernacht al een grote brandbom gevallen op de Noordblaak, die de Twentsche Bank had vernietigd en een aantal Nederlandse militairen had gedood. We kunnen ons voorstellen dat Cocky en Anton de krater en het puin van die explosie omzeilden en aan het einde van die steeg de openstaande deuren aantroffen van de voormalige bierbrouwerij.

De squadrons van het 54ste Kampfgeschwader hadden de opdracht gekregen het bankgebouw van R. Mees & Zoonen aan de noordelijke kade van de Maas, waar jaren later de Willem de Kooning Kunstacademie zich zou vestigen, te sparen omdat zich daar een geïsoleerde Duitse troepenmacht bevond. De piloot van het voorste vliegtuig liet zijn navigator en driekoppige bemanning een seconde langer inhouden totdat Oostplein was gepasseerd en riep vervolgens 'Bomben locker!' terwijl de Heinkel He 111 lijnrecht op Cocky en Antons positie aanvloog. De navigator drukte op de knop, het bommenluik opende zich met een knal, waarna een van de allereerste 500-ponders zijn catastrofale bestemming fluitend tegemoet viel.

Vanuit het perspectief van de bom zien we het volgende scenario zich vliegensvlug voltrekken. Na een allerlaatste glimp van het panorama van de oude havenstad viel de bom horizontaal uit de bommenwerper, daarna zocht die zijn weg met de minste windweerstand. Hij kantelde diagonaal waardoor de oude havens loodrecht onder hem lagen en hij vervolgde met ijzingwekkende snelheid zijn afdaling. De oude stadsdriehoek naderde steeds sneller. Het oude beursgebouw, de lutherse kerk, de Vismarkt en het oude postkantoor werden rap groter. Op de kades schoten mensen nu als mieren uit elkaar, een enkele fietser en auto scheerde nog weg, trams stonden stil op de rails. De bom naderde de Blaakhaven steeds sneller en het verloofde stel schoot nog net vliegensvlug een steeg in en rende de grote openstaande deuren van de voormalige bierbrouwerij door. Op dat moment doorboorde de zware bom eerst het dak van een oud herenhuis, op tientallen meters afstand van de voormalige bierbrouwerij, en kwam op het moment dat hij zich onder de beukenhouten vloer de slappe veengrond in boorde, tot zijn catastrofale apotheose.

De effecten van de kinetische krachten en seismische golven die een middelzware bom van 250 kilo op een menselijk lichaam heeft, zijn de laatste jaren steeds beter in kaart gebracht. Shellshock-trauma's bij militairen die van dichtbij een explosie hadden meegemaakt, waren sinds de moderne oorlogsvoering schering en inslag, en de symptomen logen er niet om. Dat de zware Duitse bom die vlak bij Cocky en Anton landde een enorme destructieve kracht bezat, is niet alleen gebleken uit historische verslagen van militairen, medici en stadsplanologen, maar ook doordat veel 'blindgangers' na de oorlog door de explosievenopruimingsdiensten tot ontploffing zijn gebracht en er hoogwaardig technisch onderzoek op los werd gelaten.

Door de impact van deze bom op Cocky en Anton nader te onderzoeken, wordt duidelijk hoe ze die inslag mogelijk hebben kunnen overleven, maar ook welke fysische gevolgen die voor hen moet hebben gehad. Alles voltrok zich in milliseconden.

De specifieke Heinkel-bommenwerper in de neus van het eskader had een snelheid van zo'n driehonderd kilometer per uur en daalde van twaalfhonderd meter naar zevenhonderd meter hoogte om zijn explosieven boven de stad gerichter te kunnen lozen. De valsnelheid van een aerodynamisch gestroomlijnde bom van 250 kilogram die weinig tractie ondervindt van wind of andere klimatologische omstandigheden heeft voordat hij de grond raakt een topsnelheid bereikt van zo'n 670 kilometer per uur. Toen de bom het dak van een herenhuis binnendrong vond er nog geen ontploffing plaats. De impact kan wél voor de implosie van het casco van het huis hebben gezorgd, maar de explosievenmix bleef nog onaangeroerd. Daarna doorboorde de bom alle verdiepingen totdat hij de vaste grond bereikte onder het huis en de pneumatische knop op de neus van de bom het explosieproces op gang bracht doordat die de juiste hoeveelheid tegenkracht ondervond.

Deze destructieve pareltjes van de Luftwaffe die bijnamen als 'Satan' of 'Der Hermann' hadden, werden ingezet om eerst gebouwen te doorboren voordat de bom tot ontploffing zou komen. Dat had een optimaal vernietigingseffect, aangezien alles dat zich bovengronds bevond voordat de bom insloeg dan al kon worden weggevaagd. De Britten, nooit wars van een goede bijnaam, noemden dit soort middelzware bommen 'daisy cutters', aangezien ze alles, tot de madeliefjes aan toe, met de grond gelijk maakten.

Het type bouwstijl waarin woningen en gebouwen in Rotterdam destijds waren opgetrokken, was allerminst robuust en vrijwel identiek aan wat je nu nog in andere oude binnensteden treft: dunne bakstenen muurtjes, gestut door houten balkconstructies en met riet en gips gepleisterde plafonds; geen partij dus voor de Duitse bommen die zulke panden uiteenreten alsof ze van papier waren.

In de kelder van een herenhuis startte de punt van de bom de ontsteking van de schokbuis en in de gepantserde buik van de bom kwam razendsnel, in een eruptie van vonken, een chemische reactie tot stand. Het hoogexplosieve Amatol en TNT begonnen op elkaar te reageren en daarna volgden er vier stadia.

Allereerst ontstond er in de eerste fractie van een seconde een kettingreactie aan drukgolven die door alles heen rolden en terugkaatsten. Gassen en lucht culmineerden in een uitdijende bol die zich sneller verplaatste dan het geluid en een enorme druk uitoefende op alles dat het aantrof. In dit ultrakorte ogenblik – de eerste fase van de ontploffing – bleven Cocky en Anton én de gebouwen nog overeind staan, maar de rimpelingen van de drukgolf kaatsten wel meerdere keren door alles heen. In dertig milliseconden, veel korter dan het knipperen van het oog, was die eerste windvlaag al zo'n tien keer op en neer gegolfd.

Cocky en Anton zullen zich er nauwelijks bewust van zijn geweest, maar in een oogwenk kregen ze via hoeken, kieren, barstende ramen en openvliegende deuren, al een serie neurologische klappen te verduren, terwijl de werkelijke explosie nog moest beginnen. Toen daalde de druk ineens zo sterk dat er een vacuüm ontstond, de tweede fase van de explosie. Dit vacuüm werd doorkliefd door een supersonische windvlaag die alles wat hij op zijn pad vond neermaaide en vernietigde, de derde fase. Deze dreun had zo'n kracht dat gebouwen trilden op hun grondvesten, brokken puin in levensgevaarlijke projectielen veranderden en zware tankwagens de lucht in werden getild. De tijdspanne waarin dit alles zich voltrok zat nog ruim onder de één seconde wanneer de vierde fase werd ingezet. Het gepantserde stalen omhulsel van de bom was in een oogverblindende flits volledig uiteengespat in duizenden kleine splinters die met een snelheid van anderhalf miljoen kilometer per uur alle richtingen uit werden geschoten. Deze laatste drukgolf verpulverde niet alleen muren, er bleef vrijwel niets rechtop staan in een straal van ruim vijftig meter.

De afstand tussen de bominslag en het verste vertrek van de oude bierbrouwerij, waar Cocky en Anton zich volgens eerdergenoemde 'vluchtroutehypothese' hadden verscholen, bedroeg ongeveer zestig tot zeventig meter. Al zouden de twee zich achter een stevige muur hebben kunnen verschuilen, de lichamen van Cocky en Anton werden in dat ogenblik blootgesteld aan een stortvloed van kinetische krachten die zijn weerga niet kende. Tot op cellulair niveau raasden de drukgolven via de oren, ogen en mond tot diep in de hersenen.

Als we vervolgens weer hadden uitgezoomd, hadden we kunnen zien hoe de zware cilindrische 'Sprengbombe' zich metersdiep de grond in boorde en zo'n bulk aan seismische krachten ontketende dat de houten funderingen van de omringende panden in de Kleine Posthoornsteeg knapten als tandenstokers. De overlevingskansen van Anton en Cocky moeten nihil zijn geweest. Anton zou ooit hebben gezegd dat ze 'bedolven onder dikke bielzen en steengruis weer bij zinnen kwamen, maar er vrij makkelijk onder vandaan konden komen'.

Dat zou erop kunnen wijzen dat de uitzonderlijk stevige balkconstructies van de oude voormalige bierbrouwerij die doorgaans de grote koperen biergistketels stutten, hen zouden hebben kunnen beschermd tegen het vallende puin, alhoewel dat allemaal puur giswerk is. Hoe dan ook, Cocky en Anton hadden het heelhuids overleefd, wellicht niet zonder kleerscheuren, maar in ieder geval met behoud van lichaamsfuncties.

Of de theorie dat ze zich hadden weten te verschuilen op zo'n relatief korte afstand van de zware bom nu klopt of niet, het feit dat ze beiden vrijwel ongedeerd uit dat inferno wisten te komen, maakt de hypothese over hun schuilplek in de voormalige bierbrouwerij tamelijk plausibel. Op de bank waar de Duitsers in zaten en de bierbrouwerij na, was vrijwel alles om hen heen met de grond gelijk gemaakt.

Terwijl Cocky en Anton het stof uit hun longen kuchten en proestten, moeten ze angstvallig de volgende eskaders bommenwerpers hebben horen overvliegen. Die dropten seconden later hun bommen op andere delen van de stad: de Coolsingel, het Hofplein, danspaleis Pschorr, de dierentuin.

Daarna werd het na de langste en luidruchtigste dertien minuten van hun leven even muisstil, terwijl een hoog gepiep de trommelvliezen dempte en het bewustzijn gestaag terugkeerde. De bommenregen was opgehouden, het vlieggeronk stierf weg en het luchtalarm was opgehouden. De zon kon het stel door de zware rook- en stofwolken nergens ontdekken. Een penetrante schroeilucht vulde hun neusvleugels en het gehoor begon langzaam weer te functioneren. Ze hoorden het krijsen van lotgenoten boven het geluid van instortende resten van gebouwen uitstijgen, zagen door de dikke stofwolken de vlammenzee om zich heen opdoemen en de treurige aanblik van de geruïneerde binnenstad ontvouwde zich voor hun stoffige en knipperende ogen. Cocky en Anton baanden zich kruipend en struikelend een weg uit het gruwelijke inferno.

De verwoestende impact die de bommen op de Kleine Posthoornsteeg hadden, was dermate groot dat de steeg voor altijd was weggevaagd uit het Rotterdamse straatnamenboek. Door de bergen puin was met de demping van de Blaak al automatisch begonnen; de haven zou voortaan dienstdoen als een verkeersader. In die eerste ogenblikken voelden Cocky en Anton door alle adrenaline de lichamelijke kneuzingen nog niet, maar de ferme pijnscheuten in hoofd en lijf zullen zich een uur later in alle hevigheid hebben aangediend en Anton zal de piep in zijn oren de rest van zijn leven blijven horen. Details over dat ontzagwekkende vernietigende kwartier dat ze wonderwel wisten te overleven zullen ze nooit delen. Wanneer Anton en Cocky in 1960 in een huwelijkscrisis terechtkomen, zou Anton tegen hun dochter Monique hebben gezegd: 'Je moeder en ik gaan niet scheiden. We hebben een stortbui aan bommen overleefd, hier komen we ook wel uit.'

Hoe Cocky en Anton op die 14 mei 1940 rond tien over half twee de binnenstad uit zijn gestrompeld, is onbekend, maar het apocalyptische tafereel dat zich voor hun ogen had afgespeeld moet gruwelijk zijn geweest. Door de herinneringen van andere ooggetuigen erop na te slaan die zich op datzelfde tijdstip bij hen in de buurt bevonden en er later over schreven, wordt duidelijk in wat voor een onbeschrijfelijk hellevuur Cocky en Anton zich moeten hebben bevonden.

Een ooggetuige beschreef wat hij zag vanuit een woning aan de Glashaven, vlak bij waar Cocky en Anton dan zijn. 'De seismische dreunen rolden door de slappe veenbodem en door de muren heen. Alles donderde, trilde en schudde en overal brak totale paniek uit. Je hoorde mensen gillen, huilen, zag ze op straat bidden en kermen. Het bombardement duurde misschien niet langer dan tien minuten, maar het leek een eeuwigheid. Steeds weer kwamen de vliegtuigen opzetten met ladingen bommen die fluitend gebouwen en straten uiteenreten.'

Een ooggetuige aan de Groenendaal, een paar honderd meter van Cocky en Anton vandaan: 'We bevonden ons midden in een vuurzee. We hoorden de vlammen knetteren, ruiten kinkelen en zagen gebouwen half instorten. Al het schreeuwen en gillen werd overstemd door het donderen van de explosies en de sirenes.'

Een ooggetuige aan de Coolsingel, een halve kilometer ten noorden van het stel: 'Wat wij te zien kregen was van een apocalyptische schrikwekkendheid. Overal ineenstortende of half vernietigde huizen, heel of half in brand, terwijl de straten zich vulden met vluchtende mensen, de zwaargewonden of verkoolde lichamen negerend. Overal liggen hopen puin en laaien vuurhaarden op die de weg versperren.'

Een ooggetuige aan de Schiekade, even voorbij de Coolsingel: 'Zware bommen troffen ook grote gebouwen zoals de Bijenkorf aan de Coolsingel, het Gemeenteziekenhuis, het hoofdbureau van politie, de Doelen, Loos en Pschorr; alles werd met de grond gelijk gemaakt. Brandende stukjes hout en vonken dwarrelden overal rond, gordijnen aanstekend, overal dikke stofwolken die het zicht ontnamen. De branden konden ongehinderd uitbreiden, aangewakkerd door de straffe westenwind. Elektriciteit, gas, water en telefoon waren inmiddels uitgevallen. Alles rond het Hofplein stond in lichterlaaie en tot onze gruwel zagen we mensen als levende fakkels over straat rennen.'

Het hele gebied rond de Coolsingel waar Anton en Cocky zich vijf dagen eerder nog hadden verloofd, was op een enkel gebouw na, gedecimeerd tot puin en as.

Een ooggetuige verderop, bij de Stationsingel: 'Tot onze schrik zien we de eerste Duitse troepen door de Statentunnel Rotterdam binnentrekken! Vreselijke kerels, op tractors en tanks behangen met gekleurde lappen goed en boomtakken, als overwinnaars. Het is niet te verwonderen dat Nederlandse militairen die in de straten staan, giftig worden en zonder nadenken schieten om hun gemoed te luchten. Ter hoogte van de Nenijtohal breekt het vuur los en verplaatst zich razendsnel voort langs de hele colonne. Het is plotseling een heftig gevecht en we laten ons plat op de grond vallen om niet getroffen te worden door de rondvliegende kogels nu we aan de bommen ontsnapt zijn.'

In Rotterdam-West kijkt een Duitse officier met een totaal andere blik naar de stad die in vlammen opgaat: 'Ik keek in de richting van het centrum en zag branden overal in het rond tot ver over het water van de Blaak en Leuvehaven. Overal zwarte rookwolken en van overal klonk de muziek der vlammen, de loeiende, brullende muziek van het vuur als de finale van de symfonie der bommenwerpers.'

En zo kon het gebeuren dat het kersverse verloofde koppel op een zonovergoten voorjaarsdag en in het jaar dat Rotterdam haar zeshonderdste verjaardag vierde, een wolkbreuk van 97.000 kilo Duitse brisantbommen wist te overleven. In zo'n 800 seconden vielen er zo'n 900 doden, gingen er 11.000 panden en 25.000 woningen verloren, waardoor 100.000 mensen dakloos raakten. Er werden 62 scholen, 32 kerken, 2 synagogen, 10 ziekenhuizen, 25 overheidsgebouwen, 4 stations, 19 consulaten, 1319 werkplekken, 31 fabrieken, 1437 kantoren, 675 pakhuizen, 31 grote magazijnen, 232 winkels, 13 bankgebouwen, 4 dagbladredacties, 12 bioscopen, 2 schouwburgen, 527 cafés, 26 hotels en 22 feestcentra met de grond gelijk gemaakt.

Daar bleef het niet bij. Gedurende vijf jaar oorlog zouden geallieerde bommenwerpers in totaal nog meer bommen op Rotterdam werpen en meer slachtoffers maken dan de Duitsers deden. Het 'bevriende vuur' zou in vijf jaar tijd op 250 verschillende dagen de stad terroriseren met meer dan 7300 brisantbommen en 42.000 brandbommen, waarbij nog eens 1029 mensen zouden omkomen en complete wijken een herbestemming kregen.

Terwijl Cocky en Anton zich op die middag in mei van 1940 nog een weg door de puinhopen van de vernietigde stad probeerden te banen, moest de oorlog nog echt beginnen.

3

Uittocht

Cocky en Anton waren omringd door vuur, rook en stof en een muur van lawaai, maar boven het westen van de stad leek het rustiger en was de lucht helderder, dus klauterde het stel door de ruïnes die kant op, weg van de vlammen en het instortingsgevaar.

Anton wilde Cocky waarschijnlijk snel veilig bij haar ouders in het westen onderbrengen, zodat hij zelf thuis in Hillegersberg poolshoogte kon gaan nemen. Ze bewogen zich westwaarts, naar de Maasboulevard, de route die het minste gevaar van instortende gebouwen zou opleveren en waar de rivier een natuurlijke grens vormde met de brandhaarden.

Mochten Cocky en Anton onmiddellijk medische hulp nodig hebben gehad, dan zou dat een onbegonnen zaak zijn geweest. Tien ziekenhuizen en drie gasthuizen waren met de grond gelijk gemaakt; van het dichtstbijzijnde ziekenhuis aan de Coolsingel stonden alleen de buitenmuren nog overeind. Het Havenziekenhuis was weliswaar gespaard gebleven, maar dat lag een stuk verderop en dat konden zij door de rookontwikkeling niet zien. Binnen een half uur na het bombardement trokken de eerstehulpverleners de stad in, werden lazaretten opgezet met veldbedden in de openlucht en fietsten mensen met bakfietsen af en aan met doden en gewonden. Cocky en Anton wisten op eigen kracht de gevarenzone te ontvluchten.

Over de kade van de Nieuwe Maas en een stuk Westzeedijk kwamen ze bij het ongehavende gebied rondom de Westersingel en Eendrachtsweg aan. Anton zag vanaf daar dat zijn kleermakerij aan de Mauritsweg nog intact was, alhoewel ten noorden ervan, aan de kant van het Centraal Station, inmiddels grote branden oplaaiden.

Plotseling zag Cocky, aldus de familieverhalen, twee politieagenten in ondergoed voorbijlopen die 'redden wat er te redden valt!' riepen. De agenten moeten nadat het politiebureau gebombardeerd was in shock nog uren hebben rondgelopen. De latere buurjongen van Cocky en Anton, Eduard Waisvisz, bevestigde in 2019 dat verhaal. Ook hij en zijn familie zagen vlak na het bombardement de verwarde agenten in ondergoed voorbijlopen in de Breitnerstraat.

Cocky en Anton vervolgden hun weg richting de Aelbrechtskade over de ongehavende Rochussenstraat. Wat ging er door hen heen toen ze omkeken en de binnenstad door vlammen verteerd zagen worden? Wat was er allemaal niet verloren gegaan? Vrijwel iedere mooie herinnering die de twee koesterden, had zich in dat nu smeulende stadshart afgespeeld, een stad die op dat moment de grootste haven van de wereld had en met een populatie van zo'n 700.000 inwoners tot een dynamische metropool was uitgegroeid met een ongekend bruisend uitgaansleven. Een plek waar multinationals en internationale handelshuizen zich graag vestigden. De welvaart was tijdens het interbellum geëxplodeerd en daar hadden de opgroeiende Cocky en Anton de vruchten van geplukt. Chique dansgelegenheden, voetbalstadions, theaters en bioscopen schoten als paddenstoelen uit de grond. De Coolsingel transformeerde van een getto in een kosmopolitische wereldboulevard, vol bars, cafés, restaurants en afgeladen terrassen. Volgens het boek *Rotterdamse Cafés* van Joris Boddaert uit 2005 zaten er in Rotterdam voor de oorlog zo'n 1300 cafés, veel meer dan er toen in Amsterdam te vinden waren. Ze bezochten zaken als Pschorr, Loos, de Doelen, de Grote Schouwburg, Tivoli, Casino Variété, de Tuschinski-bioscoop, het Thalia Theater, dansten er eerst de wals en tango, en swingden in de jaren twintig op de nieuwe bebop- en jazzmuziek. Anton oogstte in de *roaring twenties* steeds meer succes als modecoupeur toen het modebeeld veranderde. Tweedjasjes, flanellen broeken, plusfours, blazers en v-halstruien raakten in zwang. Maar alle mooie herinneringen verdwenen nu in een nachtmerrie. Nog maar vijf dagen eerder had het stel zich *on top of the world* gewaand, nu waren ze zojuist levend begraven onder de brokstukken van diezelfde stad.

We stellen ons voor dat het koppel even later, ergens rond twee uur, half drie, arriveerde bij het Land van Hoboken, en op het grasveld naast Museum Boijmans, waar inmiddels groepen mensen ontredderd bij elkaar stonden, even op adem kwam.

Ondertussen waren opnieuw tientallen Heinkels uit Duitsland vertrokken met Rotterdam als doelwit. De bevelhebber in Duitsland wist niet dat Rotterdam zich al had overgegeven, maar toen de Duitse generaal Schmidt die in Rotterdam was gestationeerd van de volgende bommeneskaders hoorde, stuurde hij meteen een bericht dat wel luid en duidelijk doorkwam: '*Nicht werfen!*'

Eenmaal veilig thuis werd zowel Cocky als Anton geplaagd door allerlei fysische en psychische kwellingen. Cocky kreeg naar eigen zeggen hoge koorts en kon dagenlang haar bed niet uitkomen. Anton, die niet vies was van een drankje, zal ongetwijfeld een paar glazen whisky of gin achterovergeslagen hebben om de schrik te verdrijven. Hoe dan ook, beiden zouden in de dagen erop het nieuws over de oorlog als in een delirium meekrijgen.

De volgende middag, 15 mei, lag het *Rotterdamsch Nieuwsblad* al op de deurmat van de Sanders' en van Houte's. Het gebouw van de krant aan de Schiekade was weliswaar volledig verwoest, toch wist de redactie met een editie te komen. 'De wapens door onze weermacht neergelegd – Na bombardement van Rotterdam – Duizenden gesneuvelden en tallooze slachtoffers onder de burgerij.'

Daaronder een toespraak van de Nederlandse opperbevelhebber generaal Winkelman die zich tot het Nederlandse volk richtte nadat hij die nacht de onvoorwaardelijke overgave had getekend.

> Wij hebben de wapens moeten neerleggen omdat het niet anders kon. Allen waren vastbesloten ons vaderland te verdedigen tot het uiterste. Welnu, ik, die als Opperbevelhebber van Land- en Zeemacht alle berichten ontving, ik wist met volstrekte zekerheid, dat dit uiterste vandaag was bereikt. Onze troepen stonden tegenover technische middelen, waartegen de grootste menschelijke moed niet is opgewassen.

Vervolgens eindigde de generaal met:

> Nederlanders! Hebt ondanks dezen zwaren tegenslag vertrouwen in de onverwoestbare krachten en tradities van ons volk. [...] Wij zullen het nieuwe lot, dat ons voorloopig beschoren is, met denzelfden moed en vastberadenheid dragen als waarmede wij den strijd voor onze zelfstandigheid hebben gevoerd. Hebt daarom, ik herhaal het nogmaals, vertrouwen op de toekomst. Leve Hare Majesteit de Koningin!

Maar Hare Majesteit de Koningin leefde toen al in ballingschap en had in diezelfde krant een strijdlustige proclamatie laten opnemen waar het 'je maintiendrai' vanaf spatte.

> Ons hart gaat uit naar Onze landgenooten in het Vaderland, die harde tijden zullen doormaken. Maar Nederland zal zijn geheele Europeesche grondgebied éénmaal met Gods hulp herwinnen. Herinnert U rampen uit vroegere eeuwen, waaruit Nederland is herrezen. Zoo zal het ook ditmaal gaan. Dispereert niet. Doet allen wat U mogelijk is in 's lands welbegrepen belang. Wij doen het Onze. Leve het Vaderland!

Daarmee was voor de families Van Houte en Sanders en alle andere landgenoten de kous af en de capitulatie een fait accompli; ze stonden er alleen voor. Adolf Hitler roemde diezelfde dag zijn troepen via de Nederlandse krant *Het Volk*:

> Soldaten van het Nederlandse oorlogstoneel. In vijf dagen hebt Gij een sterk, wel voorbereid leger, dat zich achter bijna onoverwinnelijk lijkende hindernissen en militaire versterkingen taai verdedigde, aangevallen, zijn luchtwapen uitgeschakeld en het ten slotte gedwongen zich over te geven. Gij hebt daarbij een prestatie volbracht die enig is. De toekomst zal haar militaire betekenis bewijzen [...]

Onderaan op de voorpagina stond een klein kader met een oproep.

> Rotterdam heeft dringend behoefte aan levensmiddelen, voor direct gebruik gereed, vooral ook aan melk. Zend auto's met levensmiddelen naar het administratiegebouw electriciteitsbedrijf,

> Rochussenstraat 200. Voorts zende men aan hetzelfde adres verbandartikelen, materiaal voor technische diensten, opruimingsmateriaal, planken, balken, spijkers, schoppen, hamers, houwelen.

Hoewel de Duitsers de media meteen censureerden, gloorde er op de dag na het grote bombardement ondergronds alweer wat journalistieke hoop; het eerste Nederlandse verzetskrantje zag in Rotterdam het levenslicht. De Rotterdamse onderwijzer Bernard IJzerdraat was woest over het bombardement en stak dat niet onder stoelen of banken. Hij noteerde in zijn pamflet:

> Het volk zal net als in de Tachtigjarige Oorlog zijn vrijheid heroveren. Deze Geuzenactie zal ons geleidelijk organiseren en eenmaal zullen we, evenals in de Tachtigjarige Oorlog onze vrijheid heroveren. Moed en vertrouwen. Ons land zal geen onderdeel van Duitsland worden!

IJzerdraat deelde kopieën uit bij mensen in de buurt – hij woonde vlak bij de Van Houte's, waarschijnlijk kregen zij ook een kopie onder ogen – en werd met die actie de eerste Nederlandse verzetsman die de allereerste verzetskrant uitgaf.

Wellicht hoorden Cocky en Anton op die avond van 15 mei ook het radiobulletin, dat dan weinig nieuws brengt.

> Nederland geeft zich over. In Rijsoord ondertekent het leger de capitulatie. Alleen in Zeeland wordt nog doorgevochten. De brandweer heeft nog de handen vol aan de vele brandhaarden in Rotterdam. De omvang van de ramp in de stad wordt langzaam duidelijk.

In de nacht van 14 op 15 mei keerde een Britse luchtmachtpiloot van een verkenningsmissie boven Dortmund terug naar Engeland, vloog boven het brandende Rotterdam en schreef er diezelfde ochtend nog over. 'Nooit eerder had ik zo'n verwoesting gezien. De hele stad was in een vuurzee veranderd. Toen besefte ik pas dat het menens was met de Duitsers. We daalden naar zo'n zesduizend voet en konden zelfs die afgrijselijke brandgeur ruiken.'

Precies een etmaal na het bombardement kwam een aantal Rotterdamse kopstukken bijeen in de Kralingse tuin van bankier en voorzitter van de Kamer van Koophandel Karel van der Mandele. Samen met burgemeester Pieter Oud, een paar wethouders en hoge ambtenaren probeerden ze in te schatten wat de schade was en hoeveel slachtoffers er gevallen waren. Dat was een nagenoeg onmogelijke opdracht. Duidelijk werd dat de omvang van de schade ruim 250 hectare en meerdere miljoenen kuub puin betrof, maar over het aantal doden kwamen ze niet veel te weten. Behalve dan dat begraafplaats Crooswijk de aanvoer niet meer aankon en er naast doden, ook ledematen en onduidelijke lichaamsstukken werden gebracht. Honderden slachtoffers werden in een massagraf begraven.

In de late avond liet de burgemeester voor het eerst ook de woorden 'reconstructie van de stad' vallen. De ook aldaar aanwezige directeur van de gemeentelijke Technische Dienst, Willem Witteveen, kreeg de opdracht om met een plan voor een nieuwe binnenstad te komen. Ook dat bleek een bijna onmogelijke opgave. Het doel om de stad voor een deel in oude stijl te herbouwen en haar oude karakter te behouden, bezweek in de jaren erna al snel onder de sterke lobby van Rotterdamse ondernemers en industriëlen die een zakelijk en modern ontwerp voor Rotterdam wilden.

De volgende dag, 16 mei, werd duidelijk dat de Duitse bezetter er in ieder geval geen gras over liet groeien. Ze begonnen onmiddellijk met de planning van twee hoofdverbindingen door de stad, van noord naar zuid en van oost naar west.

Diezelfde dag werd ook de volledige Nederlandse persvrijheid aan banden gelegd. *De Nieuwe Rotterdamsche Courant, Dagblad van Rotterdam, Rotterdams Nieuwsblad, De Telegraaf, De Maasbode, De Rotterdammer, Voorwaarts* en *de Banier*; allemaal vielen ze voortaan onder de Duitse censuur.

Meteen ook moesten de eerste Joden het ontgelden, van Joodse redacteur tot Joodse letterzetter; ze werden allemaal de laan uit gestuurd.

Dezelfde ochtend werden Rotterdammers opgeroepen zich aan te melden voor het puinruimen. 36.000 mensen begonnen in de weken erna aan een gigantische schoonmaak die maanden zou duren. De Duitsers wisten de twee hoofdwegen in een mum van tijd te realiseren.

Op de avond van dezelfde 16 mei klonk het radiobulletin:

> Rotterdam brandt nog steeds na het vernietigende bombardement van twee dagen geleden. Maar de capitulatie van het Nederlandse leger zorgt ervoor dat brandweermensen uit de hele provincie nu komen helpen in Rotterdam. Naar verwachting zijn morgen alle branden uit [...]

Het duurde nog maanden voordat in de binnenstad 'brand meester!' werd geroepen. Het blussen ging moeizaam omdat de Rotterdamse brandweer uit vrijwilligers bestond en een gebrek aan goed blusmateriaal had. Daarnaast ontbrak de druk op de waterleidingen en werden andere stadsdelen in de as gelegd doordat de wind van west naar zuidoost draaide en hierdoor het vuur bleef aanwakkeren. Een van de vrijwillige brandweermannen, Leo Weller, schreef er in 1940 een brief over die pas in 2017 werd gevonden. Daarin vertelde hij over een enorme brand in de papieropslagplaats die na maanden en 23 keer blussen nog steeds voortwoekerde.

Op 17 mei werd opnieuw duidelijk hoe het met de persvrijheid was gesteld; *De Telegraaf* kwam met het bericht 'dat de oorzaak van het bombardement de schuld van de Nederlanders was, Rotterdam had zich te laat overgegeven'.

Een bioscoopjournaal in Berlijn verwoordde het diezelfde ochtend net even iets anders, maar de strekking bleef hetzelfde. 'Het is de schuld van de Hollandse regering die in dienst van de Britse plutocratie volledig zinloze tegenstand had gegeven en zelfs met "ons" goud naar Londen was gevlucht.'

Alsof het allemaal nog niet vreselijk genoeg was, kregen de Van Houte's die middag opnieuw slecht nieuws te horen. Ondanks de Nederlandse capitulatie hadden de Zeeuwen de strijd met behulp van de Fransen nog niet opgegeven en een oom en tante van Cocky woonden in het centrum van Middelburg en zaten er middenin. Toen er een telefoonverbinding met hen was gelegd, hoorde Cocky door de hoorn het luchtalarm afgaan. De Duitsers hadden opnieuw een eskader Heinkels gestuurd om een historische stad te bombarderen. De tante had het bombardement overleefd, van de oom ontbrak ieder spoor.

's Avonds zat iedereen opnieuw aan de radio gekluisterd:

> Medewerkers van de gemeente Rotterdam zijn begonnen om de elektriciteit, het gas en het licht te herstellen in het gebombardeerde gedeelte van de stad. De meeste branden zijn nu ook uit. Het nablussen gaat wel nog enige tijd duren. Hoeveel men-

sen in Rotterdam zijn omgekomen, is nog steeds niet duidelijk. Mogelijk is daar morgen meer over bekend.

Het Nederlandse gezag was in de eerste dagen van de bezetting nog in handen van generaal Winkelman. Totdat Hitler op 18 mei vanuit zijn hoofdkwartier het *Führer-Erlass* verordonneerde dat de officiële machtsoverdracht aan Duitsland inluidde. Dat had voor Rotterdam als gevolg dat er per direct grote stukken land konden worden onteigend en met het herstel van de havenstad vlot kon worden begonnen. Een snelle wederopbouw had voor de Duitsers de hoogste prioriteit omdat zij Rotterdam nu ook als hún grootste havenstad beschouwden en die diende de hongerige Duitse oorlogsmachine te voeden.

Het radiobulletin in de avond van 18 mei maakte de machtsoverdracht wereldkundig.

In Den Haag wordt Arthur Seyss-Inquart benoemd tot *Reichskommissar* van de bezette Nederlanden. In zijn eerste toespraak roemt hij de Nederlandse soldaten vanwege hun moed in de oorlog met hun Duitsers. Ook de burgerbevolking heeft zich ordentelijk gedragen. In Rotterdam is nu ook een definitief begin gemaakt met de wederopbouw. De gemeente heeft ingenieur Witteveen de officiële opdracht gegeven om plannen voor de herbouw van de stad te maken. Binnen twee weken moet het klaar zijn.

Reichskommissar Seyss-Inquart, die in de volksmond al snel 'Zes-en-een-kwart' zou gaan heten omdat hij mank liep, wist van aanpakken en nam direct het besluit om honderden straten en tienduizenden woningen in één klap te onteigenen. Daardoor kon onmiddellijk worden begonnen met de sanering van het puin en het dempen van de grachten.

Ondertussen brak de directeur van het Havenbedrijf Willem Witteveen zich het hoofd over de vraag hoe hij de gehavende stad nog enigszins in oude luister kon herstellen, maar tegelijkertijd dook de zakelijke elite in het machtsvacuüm. Deze zakenmannen en havenbaronnen beschouwden zich als primi inter pares van de stad en wilden invloed uitoefenen op de herinrichting ervan. Anton zal ongetwijfeld iets van die plannen van de industriële molochs hebben meegekregen aangezien hij en zijn vader dezelfde mannen pakken aanmaten en zij ofwel bij hen over de vloer kwamen dan wel andersom.

Hoewel er in die dagen na de verwoesting al diverse wederopbouwplannen circuleerden, wist niemand intussen raad met de vijf miljoen kubieke meter puin die ergens geborgen moest worden. Het Land van Hoboken kon ermee geëgaliseerd worden, de kleine binnenhavens gedempt. Er ontstonden plannen om een dam in de Kralingse Plas aan te leggen. Maar het dempen van de Schiekade bleek vooralsnog de snelste optie, daar was men een jaar eerder al mee begonnen.

De vader van Anton had jarenlang een naaiatelier aan de 'koninklijke vaart' gehad, zoals het kilometerslange kanaal met de statige kades in de volksmond werd genoemd. Nu moesten ze met lede ogen toezien hoe de Schiekade tot een autoweg verwerd. Ook de karakteristieke Blaakhaven lag voortaan onder een verkeersader begraven. En de Kralingse Plas werd bijna de helft kleiner door al het puin dat er gedumpt werd.

Dat de Rotterdamse humor in die erbarmelijke tijden niets te lijden had, bleek uit de bijnaam die ze hun stad nu gaven: Steenbergen aan de Maas. De hoeveelheid puin was zo groot dat de brokstukken door heel Nederland werden verwerkt in dijkverhogingen. Een stuk dijk bij het IJsselmeer werd sindsdien de Rotterdamse Hoek genoemd.

De enorme volksverhuizing die in de stad op gang kwam, had Cocky hartverscheurend gevonden, zou ze later vertellen. Het aantal daklozen was niet meer te overzien. Duizenden gedemobiliseerde militairen vonden nu ook al geen plek meer om te slapen. Grote groepen mensen bivakkeerden in volkstuinhuizen, op boten of in parken, portieken en stegen. Een paar dagen na de capitulatie werd er door de Duitse machthebbers tien miljoen gulden beschikbaar gesteld voor de restauratie van de binnenstad. Dat was geen gulle geste want dat geld plukten de Duitsers uit een bestaand Rotterdams potje dat al bestemd was voor de restauratie van oude panden. Het nieuwe hoogste machtsorgaan van de Lage Landen, Reichskommissar Seyss-Inquart, kwam hoogstpersoonlijk naar het stadhuis om de Rotterdammers een hart onder de riem te steken. Kort ervoor nog had hij de Nederlandse Staten-Generaal ontbonden en de parlementaire democratie de nek omgedraaid. Hij had nu alle macht in handen. Tijdens zijn speech betuigde hij geen enkele spijt over de mensonterende verschrikkingen die de Rotterdammers waren aangedaan, terwijl hij de kaalslag door de ramen van het stadhuis met eigen ogen moet hebben gezien. Wel verweet hij de Nederlandse strijdkrachten dat ze eerder hadden moeten capituleren, want dan was Rotterdam gespaard gebleven. Desondanks zag hij het optimistisch in voor de stad als 'een symbool van dezen tijd, dat uit het harden gebeuren een nog schoonere en nog krachtiger vormgeving geboren wordt dan het verleden vermocht te bieden'.

Cocky sloot de patisserie in het gehavende pand aan de Grote Visserijstraat en had de hele zomer nodig om te herstellen van haar traumatische ervaringen van 14 mei. Pas in de herfst van 1940 ging ze weer fulltime aan de slag, eerst in de kleermakerij van haar aanstaande, even later ook voor het verzet.

4

Feniks

Begin jaren twintig woonde de familie Sanders in een fraai herenhuis aan de Hillegersbergse Straatweg met tien kamers, twee badkamers, een zolder, een garage en een lange lap tuin die ophield waar de steiger in de Bergse Plas begon. De moeder van Anton was doorlopend in de weer met de inrichting en het onderhoud van het huis en de opvoeding van vier kinderen, terwijl de vader des huizes succes oogstte als meester-kleermaker van de Rotterdamse bourgeoisie.

Nadat jaren later Antons oudere broer Piet trouwde en met zijn vrouw even verderop aan de Kleiweg was gaan wonen, waren er kamers vrijgekomen, die Cocky en haar zus Jeanne in de dagen na het bombardement betrokken. Omringd door het Bergsche Bos, de plas en de Rotte en buiten de gevarenzone van het centrum en de haven, kon Cocky in alle kalmte herstellen van de ellende die over haar was uitgestort.

Anton, Piet en hun vader gingen een week na de Nederlandse capitulatie alweer aan het werk in de kleermakerij. Die had op wat rookschade en een gebroken raam na, geen grote averij opgelopen, maar een grote schoonmaak, een lik verf en een nieuwe voorraad stoffen waren broodnodig.

Het was van groot belang de banden met stofleveranciers, personeel en klandizie snel weer aan te halen om de voortzetting van het familiebedrijf te kunnen garanderen. Door de verwoesting van de binnenstad was onder veel kleermakerijen en naaiateliers een stoelendans ontstaan over wie zich waar opnieuw zou vestigen. Kleermakerij Anton Sanders kon binnen een paar dagen alweer open. Dus stuurden Anton en zijn vader in de tweede week na de capitulatie iedere klant van naam een kaartje met de mededeling dat ze nog steeds op hetzelfde adres verbleven, over nieuwe collecties Italiaanse en Engelse stoffen beschikten en dat de winkel in nieuwe luister was heropend.

Op verzoek van Cocky breidden ze al snel de collectie uit met dameskleding. Toen mijn moeder Monique en ik in 2019 het pand van de kleermakerij bezochten, toonden de huidige eigenaren twee oude reclameramen die ze hadden ontdekt met de teksten 'Heerenkleeding' en 'Dameskleeding'. Monique herkende ze meteen.

Het duurde nog even voordat Cocky zich weer in de stad waagde en in het atelier aan de slag ging, terwijl Anton alweer bijna op volle kracht draaide. In het Stadsarchief Rotterdam zijn uit die periode een aantal krantenvacatures te vinden van Kleermakerij Anton Sanders waarin naaisters werden opgeroepen te solliciteren. Blijkbaar gingen de zaken al snel goed en was er behoefte aan personeel.

Intussen deden de zonnige dagen en de heilzame omgeving van de Hillegersbergse natuur Cocky goed. Bijna dagelijks maakte ze met haar zus en de twee jongere zussen van Anton lange wandelingen langs de Rotte, gingen ze winkelen in de Dorpsstraat of voeren ze met zeilboot, versnaperingen en opwindbare grammofoonspeler de Bergse Plas op. Terwijl ze over de plas kabbelden galmde de stem van Louis Armstrong, Ella Fitzgerald of

Billie Holiday over het water, maar ook de volksliedjes van Lou Bandy schalden over de plas:

Al leven we thans in een zeer benarde tijd
We hebben de moed nog niet verloren
Al vielen er veel idealen in den strijd
Er zijn toch weer andere geboren
Dus kop omhoog en hand in hand
Voor een nieuw vaderland
Koppen op, want het leven gaat verder
En het licht van zon is je herder...

Toen Cocky in de jaren zestig met haar dochter Monique langs de Rotte reed, zei ze wijzend naar een specifieke locatie in de Bergse Plas: 'Precies daar was onze boot omgeslagen. Die kregen we met wat hulp wel weer overeind, maar de grammofoonspeler moet er nog steeds op de bodem liggen.'

De Duitse bezetters voerden op de eerste dag van hun bewind meteen de Berlijnse zomertijd in waardoor iedereen van de ene op de andere dag ineens anderhalf uur langer van de zon kon genieten. Het was de enige Duitse maatregel geweest die brede waardering oogstte en kortstondig het idee aanwakkerde dat er inderdaad een nieuw hoofdstuk was aangebroken. Of zoals de nazi's het noemden, de Nieuwe Tijd.

In die eerste dagen na de annexatie was het aftasten geblazen tussen de bezettende en de bezette machten en krachten; niemand wist wat hun te wachten stond. Maar hoe de Duitsers huishielden in eigen land en Polen was een voorbode van wat de Nederlanders, en vooral de Joodse Nederlanders, boven het hoofd hing.

Antons Joodse achterneef Ernst Sanders, wiens bakkerij aan

de Botersloot volledig was vernietigd tijdens het bombardement, was de volgende dag met zijn vrouw en drie kinderen halsoverkop in de auto gestapt en werd nooit meer teruggezien. Geen brief, telefoon, niets.

In het begin van de oorlog ontstond er mede daarom veel onrust in de familie Sanders. De overgrote meerderheid van de familie was vol-Joods en het was voor vrijwel iedereen inmiddels helder hoe de Duitsers over Joden dachten.

Antons grootvader had zich in de negentiende eeuw tot het katholicisme bekeerd en die tak van de familie was bij het uitbreken van de oorlog al generaties lang aantoonbaar niet-Joods. Maar dat kon niet worden gezegd van het gros van de familie. Toen bekend werd dat op 10 mei een andere, verre achterneef van Anton in Amsterdam zichzelf, zijn vrouw en dochter om deze reden van het leven beroofd had, kreeg de familie nog een extra schok te verwerken.

Inmiddels ontwaakte ook de rest van Rotterdam uit haar comateuze staat. Achter de schermen was het een komen en gaan van Duitse functionarissen; de wisseling van de wacht werd rap geïnstitutionaliseerd. De bezetter boog zich over de vraag hoe ze de Rotterdammers konden aansporen de verwoeste stad als een feniks uit haar as te laten herrijzen. Hitler hanteerde twee tactieken om nieuwbakken 'landgenoten' onder de duim te krijgen: repressie of verleiding.

Hij koos aanvankelijk voor het laatste. Dat koningin Wilhelmina naar Engeland was gevlucht had niet alleen het Nederlandse volk verbouwereerd, het had ook Hitler verbaasd. Geconfronteerd met een lege troon besloot hij op het laatste moment geen militair bestuur te installeren, maar een burgerlijke bewindvoerder aan te stellen, de eerdergenoemde Oostenrijker Seyss-Inquart. Dit nazikopstuk was al zeer succesvol geweest bij de nazificatie van het eigen vaderland en dat mocht hij nog eens dunnetjes overdoen in de Lage Landen. Dat was in de ogen van de Duitsers niet al te lastig, omdat de Nederlanders broeder-Germanen waren die al snel het licht zouden zien en het Derde Rijk en masse zouden omarmen. De zojuist aangestelde rijkscommissaris Seyss-Inquart kon het niet vaak genoeg benadrukken: 'Het Duitse en het Nederlandse volk horen bij elkaar, want zij vormen een gemeenschap in hogere zin.'

Nederland moest met fluwelen handschoenen tot het nationaalsocialisme worden verleid, maar bij de Rotterdammers was dat lastiger dan gedacht. Nu de Duitsers het hart uit hun stad hadden gerukt, zou het een onmogelijke opgave worden het hart van haar inwoners te veroveren. Het nieuwe staatshoofd trok echter alles uit de kast om dit broedervolk in te lijven. Dat leverde al vrij snel een gemoedelijker straatbeeld op. De brute Duitse gevechtseenheden die de stad hadden veroverd, hadden iedereen de stuipen op het lijf gejaagd, maar die rouwdouwers trokken na de capitulatie verder naar het Franse front om plaats te maken voor een uiterst vriendelijk bezettingsleger dat uit een paar duizend welgemanierde Duitse mannen bestond. Dat waren geen gevechtsmachines, maar keurige soldaten en functionarissen die een voorbeeldfunctie hadden ten overstaan van het Nederlandse volk. Als toeristen in uniform maakten ze met hun kleine camera's onafgebroken foto's tegen het decor van het ingenomen land.

Een winkelier noteerde in zijn dagboek: 'De eerste soldaten waren viezerds, maar dit zijn allemaal nette mannen. Leuk ook als ze over thuis vertellen. We kunnen elkaar goed verstaan.'

Het was een tactische meesterzet van de Duitsers. Berlijn had goed opgeleide militairen die al op leeftijd waren naar het geterg-de Rotterdam gestuurd en ze met non-agressieve vervoersmiddelen uitgerust zoals paard-en-wagens, fietsen, motoren en open voertuigen. Zwaar militair materieel bleef vooralsnog buiten beeld. De nieuwe lichting Duitsers voelde zich ook helemaal geen bezetter, bleek uit hun brieven aan het thuisfront. Ze hadden de tijd van hun leven in de havenstad, er was genoeg te eten en te drinken, volop vertier en weinig gevaar. 'Ik kan je niet vertellen hoe geweldig mooi Nederland is. Het moet welhaast het schoonste land ter wereld zijn', schreef een Duitse soldaat. 'De steden zijn hier heel anders dan bij ons. Het stadsbeeld bestaat uit kleine huizen met grote ramen en veel bloemen. Wat mij vooral beviel, was dat het er zo netjes was in de huizen met de grote voortuinen en de ramen waar je gewoon doorheen kunt kijken.'

Op foto's en filmbeelden die Duitse soldaten tijdens het begin van de bezetting maakten, lijkt het alsof ze op excursie zijn. Jenever drinken in Schiedam, met de boot naar Volendam, flaneren op de Scheveningse boulevard, winkelen in Amsterdam.

De Duitse bezettingsmilitairen hadden glasheldere instructies meegekregen. Ze moesten te allen tijde waardig en zelfverzekerd optreden en zien te voorkomen dat Nederlanders geïrriteerd raakten. Het charmeoffensief bereikte een hoogtepunt toen Nederlandse kinderen op kosten van de bezetter op vakantie mochten naar Oostenrijk. De Reichskommissar verwelkomde ze hoogstpersoonlijk bij terugkomst. Hitler deed er nog een schepje bovenop en liet 22.000 krijgsgevangenen vrij, met als enige voorwaarde dat ze zich niet tegen de Duitsers zouden keren.

De algemene pers was inmiddels al ingekapseld en verworden tot naziadvertorials. *De Volkskrant* schreef dat iedere Nederlander weliswaar de bitterheid zou voelen dat een vreemdeling in de Ridderzaal het hoogste regeringsgezag op zich had genomen, maar dat iedereen zich maar het best waardig zou moeten gedragen en ijverig zou moeten meewerken aan de wederopbouw. Dan zou ook de bezetter zich van zijn beste kant laten zien.

De Telegraaf berichtte over hoe de Duitsers door de Engelsen en Fransen waren gedwongen tot de invasie en *De Standaard* stelde dat Nederland moest leren leven met een oppermachtig Duitsland. In geen enkele krant verscheen nog een weerbericht, want dat was gevoelige strategische informatie.

Het leek die eerste zomermaanden aanvankelijk allemaal nog wel mee te vallen met de Duitse bezetting. De Rotterdammers begonnen zich mondjesmaat aan de situatie aan te passen. Ze maakten weer recreatieve uitstapjes en bezochten concerten, voorstellingen en sportwedstrijden. De zwembaden raakten weer vol, Diergaarde Blijdorp opende na wat hapsnap restauraties weer de poorten, er werd gezeild op plassen en meren en een heerlijke zomer deed de stad wat doezelen. Ondertussen kwamen van heinde en ver de ramptoeristen het verwoeste Rotterdamse stadshart bezichtigen.

Het zou nog weken duren voordat Cocky er zou terugkeren. Anton daarentegen fietste dagelijks door de puinhopen op weg naar het naaiatelier. Hij zag de stad van dag tot dag dusdanig gesaneerd worden, dat er vrijwel niets meer over leek te blijven. Cocky moet het allemaal weemoedig van hem hebben aangehoord.

Toen de post weer op gang kwam en telefoonnetwerken werden hersteld, hervatte Cocky het contact met familie en vrienden die buiten de stad woonden en ze veerde op als er een brief werd bezorgd of de telefoon rinkelde. Nu ook tramlijn 4 weer begon te rijden en Cocky met een directe verbinding van Hillegersberg naar haar ouders aan de Aelbrechtskade kon komen, nam haar actieradius toe.

De nieuwsberichten volgden elkaar in razend tempo op.

Er was een vluchtelingencomité opgericht en een centraal bureau voor 'dekking en kleeding' en ook Anton bracht er volgens de overlevering balen oud goed van de familie naartoe. Van de jongste zus van Anton wordt gezegd dat ze in het gebouw van Unilever hielp dat was ingericht als ziekenhuis. De opruimingsploegen moesten iedere dag van 's morgens vroeg tot 's avonds laat doorwerken en er gebeurden nogal wat ongelukken waardoor veel extra handen nodig waren.

De Stichting Rotterdam 1940 werd opgericht en zou zich vanaf dan met het herstel van Rotterdam bezighouden. Maar machtige en invloedrijke Rotterdamse industriëlen als Cees van der Leeuw (directeur van Van Nelle), Guus Plate van Scheepvaart Vereniging Zuid en Karel Paul van der Mandele van de Rotterdamsche Bank hadden hun kantoren aan de Maas in vlammen op zien gaan en opteerden voor een strakke nieuwe binnenstad met een ruim opgezette infrastructuur. Deze gezaghebbers wilden allesbehalve terug naar de geveltjes en nostalgische smalle straatjes van weleer; Rotterdam moest een compleet nieuwe lay-out krijgen, waarbij met name hun bedrijven goed bereikbaar moesten zijn. Mijn moeder Monique sprak in 2003 uren met Ans Segers, die van begin 1940 tot het voorjaar van 1942 naai-assistent van Anton was. Via haar weten we dat in elk geval bovengenoemde Karel Paul van der Mandele een klant van Anton was.

Om de financiële handel weer op stoom te krijgen, gingen al snel de handelsbeurzen weer open: de Nieuwe Beurs, de Schippersbeurs en de Beurzen van Koren, Vlas en Lijnzaad. Dat nieuws moet Anton en zijn vader als muziek in de oren hebben geklonken, want hun kleermakerij bestond bij de gratie van een gezonde economie en financiële markt.

De stad fleurde weer een beetje op. Museum Boijmans opende haar deuren. De schade aan het stadhuis werd gerepareerd. De wekelijkse markt werd verplaatst van de Goudschesingel naar het Noordplein. Overal in de stad werd weer gebouwd of gerestaureerd. Het decennialange ritmische heien zou de soundtrack van de wederopbouw worden.

Ter gelegenheid van de heropening van restaurant Atlanta aan de Coolsingel gingen Anton en Cocky voor het eerst sinds 14 mei weer samen een avond uit. Cocky kon haar tranen niet bedwingen toen ze door de kale binnenstad wandelden.

Hoewel de raderen van de stad langzaam weer begonnen te draaien, zwol onderhuids het ongenoegen over de Duitse bezetter aan. Iedereen wist inmiddels hoe ze in eigen land en Oost-Europa te werk gingen, dus de façade die ze nu ophielden zou ook in Rotterdam niet lang standhouden.

Veel basisbehoeften waren ondertussen gerantsoeneerd en op de bon. Met de Nationale Inzameling voor de Hulpverlening aan Rotterdamse Oorlogsslachtoffers werd weliswaar zo'n 110.000 gulden opgehaald, maar dat was een schijntje. Het ontbrak de Rotterdammers inmiddels aan alles: kleding, medicijnen, levensmiddelen en de prijzen rezen de pan uit.

De Nederlanders bleken bijzonder lastig in te lijven in het Duitse gedachtengoed. Het Reichskommissariat rapporteerde dat de Nederlandse 'Dickköpfe' zo anti-Duits waren dat propaganda daaraan niets zou veranderen. Een Rotterdamse doktersvrouw schreef in haar dagboek: 'De Duitsers noemen ons fluitketels omdat wij vanbuiten fluiten, maar vanbinnen koken.'

De Rotterdammers stonden niet bepaald te trappelen om het de bezetters makkelijk te maken. De argwaan groeide en er ontstond een grote behoefte aan betrouwbare en hoopvolle vergezichten van de uitgeweken Nederlandse overheid en het koningshuis. Mensen snakten naar een opbeurend woord.

Ondanks de verontwaardiging over haar vlucht werd koningin Wilhelmina op 28 juni in één klap het symbool van de tegenbeweging, toen ze voor het eerst haar stem liet horen op Radio Oranje. Die uitzending opende met: 'Hier Radio Oranje. De stem van strijdend Nederland, op 1500 meter op de 41-, 31-, 25-, 19-, en 16-meterband...' Op de achtergrond klonk het lied 'In naam van Oranje, doe open de poort'.

Na wat ceremonieel eindigde de koningin haar speech met:

> In onverbrekelijke eenheid willen wij handhaven onze vrijheid, onze onafhankelijkheid en het grondgebied van het geheele Rijk. Ik wek mijn landgenooten in het Vaderland en overal waar zij zich bevinden, op om, hoe donker en moeilijk de tijden ook zijn, te blijven vertrouwen in de eindoverwinning van onze zaak, die niet alleen sterk staat door kracht van wapenen, maar niet minder door het besef, dat het gaat om onze heiligste goederen. Ik heb gezegd.

Het was perfect getimed. De Oranje-sentimenten leefden weer op. De volgende dag was prins Bernhard jarig en dat werd tegen de wil van de bezetter massaal gevierd. Ook Anton en Cocky waren er als de kippen bij. Na bijna twee maanden bezetting moest de barre realiteit ook bij hen steeds dieper zijn doorgedrongen. Een hernieuwd patriottisme won terrein.

Anton greep de prinselijke verjaardag aan om voor zijn clientèle een borrel te organiseren in de tuin van de kleermakerij. Volgens mijn moeder stond jaren na de oorlog 'de tuin van de kleermakerij vaak vol met anjers'.

Die bloem was niet alleen het handelsmerk van de jarige prins, maar Anton scheen ze ook te gebruiken als ingrediënt in de potpourri die hij op iedere verdieping had staan. Terwijl op straat overal de anjers waren uitverkocht, had hij grote boeketten voor de ramen van de kleermakerij gezet. De feestelijke Anjerdag op de kleermakerij was voor Cocky aanleiding zich voor de tweede keer weer onder de mensen te begeven. Anton had zijn aanstaande hoffelijk aan iedereen voorgesteld en Cocky kennis laten maken met de hogere kringen van de stad.

Dat de kleermakerij vol met anjers had gestaan was weliswaar nog geen bewuste insubordinatie geweest van Anton, vermoeden de familieleden, maar het zou wel de toon kunnen hebben gezet bij de clientèle. De kleermakerij moest niets van de nationaalsocialistische waanzin hebben.

Voor staatshoofd Seyss-Inquart was Anjerdag een blamage. In Den Haag had de hoogste Nederlandse gezagsdrager, generaal Winkelman, de anjermanifestatie juist opgeklopt en dat was hem niet in dank afgenomen. Hij werd direct afgevoerd naar een Duitse gevangenis waar hij tot het eind van de oorlog achter de tralies zat. Toevallig was niemand minder dan Rijkspropagandaminister Joseph Goebbels die dag bij de Haagse burelen gearriveerd en ook hij had de Oranjegezinde festiviteiten tandenknarsend aangezien. Direct gaf hij de *Ordnungspolizei* het bevel de pleinen te ruimen van Oranje-sentimenten. Ook Seyss-Inquart kreeg het van Goebbels voor de kiezen. Zijn fluwelen aanpak was inefficiënt gebleken, dus verordonneerde de Rijkspropagandaminister direct strafmaatregelen tegen iedere Oranjesympathie. Vanaf toen werd het de Nederlanders ook verboden naar andere zenders te luisteren dan de Nederlandse of Duitse. En Joodse Nederlanders werden op grote schaal ontslagen uit allerlei overheidsfuncties, want ze hadden 'hele wijken aangespoord om met anjer in knoopsgat de straat op te gaan,' aldus Duitse politiefunctionarissen. Die represailles maakten indruk.

Toen koningin Wilhelmina op 31 augustus 1940 haar zestigste verjaardag vierde, durfde niemand zich feestelijk op straat aan Koninginnedag te wagen.

Tegen het einde van de zomer van 1940 was de stemming in Nederland helemaal omgeslagen en begon een ondergronds verzet zich te roeren. De Duitse oorlogsmachine had aan de Noordzeekust in de Britse tegenstander haar gelijke gevonden en de Blitzkrieg stokte. Daarop blies Hitler begin september de geplande invasie op Groot-Brittannië af. Daardoor kreeg het geloof in een geallieerde overwinning weer de overhand. Binnen alle gelederen van de havenstad begon het te morrelen. Duitsers werden vanaf dat moment moffen genoemd.

Zou Cocky eind 1940 samen met Anton, haar moeder of zus naar de voorstelling 'Hoe hoort het eigenlijk?' van Fientje de la Mar zijn geweest? Zo ja, dan had ze de hartverscheurende monoloog over de toestand in Rotterdam gehoord die ze zelf aan den lijve ondervond:

De bakker brengt het brood van puin tot puin
De postbode vergist zich in de straat
De morgen en de middag groeien door
En in de kranten staat dat het leven verder gaat
Maar velen vragen zich slechts af waarom
Voor velen is de noodzaak om te leven niet meer nodig
Het praten leidt hen af, maar het denken maakt hen stom
En alle vreugd en werk lijkt ver en vreemd en overbodig [...]

De oude Anton senior was het intussen allemaal niet in de koude kleren gaan zitten. Terwijl hij met naaigerei op de snijtafel in de weer was, blies hij op woensdagavond 18 september zijn laatste adem uit. Toen het personeel na een tijd pas ontdekte dat hij niet in slaap was gevallen, maar overleden, moesten ze zijn verstijfde lichaam in kleermakerszit van tafel tillen.

Bij de uitvaartceremonie op begraafplaats Sint-Laurentius bleek hoe geliefd de ingetogen stoffensnijder was geweest; *tout* Rotterdam had acte de présence gegeven. De kleermakerij was vier dagen gesloten geweest en toen Anton junior de maandag erop zijn personeel te woord stond, zei hij volgens een van zijn voormalige medewerkers die er 63 jaar later over zou vertellen: 'Gelukkig hoeft pa nu de oorlog niet meer mee te maken.'

De kroonprins van de maatpakken kreeg nu alle touwtjes in handen, maar veel zal hij niet hebben veranderd in de inmiddels weer gesmeerd lopende kleermakerij. Voor Anton was het alweer snel *business as usual*. De beau monde van de stad had maatpakken nodig en die kon hij tegen hoge kwaliteit en niet geringe tarieven leveren, terwijl het gros van de stedelingen de eindjes aan elkaar moest knopen. De kleermakerij van Anton floreerde niet alleen in moeilijke tijden, maar was ook een broeinest van invloedrijke anti-Duitse sympathisanten.

Het zal niemand verbazen dat de Duitsers rond die dagen ook deel gingen uitmaken van Antons clientèle, en dat zijn naaisters herstelwerkzaamheden verrichtten aan die verfoeide naziconfectie.

Hoe dan ook, het ontbrak Anton en Cocky in die erbarmelijke tijden aan niets. Op de zwarte markt ruilden ze kleding voor voedselbonnen en alles wat ze verder konden wensen, zo bleek uit de familieverhalen en naoorlogse briefwisselingen. Volgens een van die brieven werd de kleermakerij van Anton in het laatste half jaar van de oorlog door de Gestapo overvallen en werden er allerlei spullen van de zwarte markt geconfisqueerd, terwijl veel Rotterdammers toen genoodzaakt waren bloembollen te eten. Eduard Waisvisz, de zoon van een Joodse familie die zeventien jaar naast Cocky en Anton in de Breitnerstraat had gewoond, zei in 2019 tegen me: 'Jouw grootvaders pakken gingen van vijfhonderd tot tweeduizend gulden over de toonbank. Ongekend hoge bedragen voor die tijd, ter vergelijking: de huur van onze woning bedroeg toen 43 gulden per maand. Dat verschafte jouw grootouders aanzien en privileges.'

De Amerikaanse onderduiker Jim Keeffe, die vier jaar later bij hen ondergedoken zat, schreef in zijn naoorlogse memoires dat 'Cocky en Anton er zelfs halverwege 1944 nog warmpjes bijzaten'.

Na zijn vaders dood besloot Anton het grote herenhuis aan de Bergse Plas, dat veel te groot was voor zijn moeder en twee zussen, Cocky en hemzelf, van de hand te doen. Anton had zijn oog laten vallen op twee ruime, moderne woningen in de Breitnerstraat, midden in het centrum en op een steenworp afstand van de kleermakerij. Eén was voor zijn moeder en twee zussen bestemd, het andere voor Cocky en hemzelf.

De zomer was voorbij, een gure winter stond voor de deur, donkere wolken pakten zich samen boven de stad, maar desondanks keken enkelen reikhalzend uit naar een feestelijke inzegening. Een huwelijksdatum werd geprikt, het stadhuis geboekt en de kerk gereserveerd.

5

Bastaard

Begin 1941, toen honderdduizenden Joden in Duitsland en Oost-Europa al door de nazi's waren uitgemoord en hele volksstammen in Europa op de vlucht waren geslagen, begon de Shoah ook in de Lage Landen gestalte te krijgen. Vanaf 10 januari moesten alle Nederlanders met ten minste één Joodse grootouder zich laten registreren. Ook Anton werd het nu heet onder de voeten.

Ruim tweeduizend Rotterdamse Joden waren direct na deze registratieplicht op de vlucht geslagen of ondergedoken en onder hen bevonden zich ook enkele directe familieleden van Anton. Het kostte hem nog veel moeite om zijn eigen Joodse wortels te verdoezelen.

Alhoewel het Rotterdamse verzet in de begindagen van 1941 nog in de kinderschoenen stond, verloor de 'ondergrondse' rond deze dagen het padvindersimago. De verzetsgroep De Geuzen van de eerdergenoemde Bernard IJzerdraat, die een dag na het grote bombardement al Geuzenberichten verspreidde waarin hij opriep tot verzet, was steeds verder uitgedijd.

Toen 230 Geuzen door een NSB'er werden verraden en naar de Scheveningse gevangenis Oranjehotel werden afgevoerd, na een showproces vijftien Geuzen terstond werden gefusilleerd en één Geuzenlid al voor de terechtstelling was doodgemarteld, werd Rotterdam wakker geschud. Weerstand bieden aan de bezetter was niet langer kinderspel, maar een zaak van leven of dood.

Intussen braken de nazi's zich het hoofd over een 'oplossing voor het Joodse vraagstuk'. De logistieke rompslomp maakte assimilatie, emigratie en deportatie van Joden steeds onwenselijker en op Berlijnse burelen werd al gefluisterd over een radicalere oplossing. De Duitsers hadden sinds 1933 'geoefend' met het deporteren en elimineren van onwenselijke burgers in concentratiekamp Dachau. Daar werden in eerste instantie politieke opponenten, communisten en sociaaldemocraten vermoord, maar al snel volgden zigeuners, homoseksuelen, criminelen, verzetsstrijders en Joden. Auschwitz werd naar het voorbeeld van kamp Dachau ingericht en begon in 1941 ook op vermogen te draaien. In maart werd daar kamp Birkenau aan toegevoegd. Joden, krijgsgevangenen, politieke en ideologische tegenstanders, verzetsmensen en invaliden; alles wat antinazistisch was of afweek van het ideaalbeeld werd naar de put van de beschaving afgevoerd, tewerkgesteld of geliquideerd.

Na een staking in de hoofdstad en de hevige rellen die erop volgden werden in februari de eerste twee Amsterdamse Joden geliquideerd. Het tumult dat daarna ontstond, werd door de Duitsers met harde hand de kop ingedrukt en die agressie kreeg navolging in andere grote steden. Het charmeoffensief van de Duitsers liep ten einde.

Van de bezetter moest een 'Joodsche Raad voor Amsterdam' in het leven worden geroepen en al snel kreeg deze raad supervisie over alle Joodse Raden van Nederland. Deze overkoepelende organisatie had weinig macht en inspraak, maar was een handig aanspreekpunt voor de Duitsers en hielp bij het in kaart brengen van de Joodse handel en wandel in Nederland. In eerste instantie was de Joodse Raad in Rotterdam alleen bedoeld voor voorlichting, maar door de toenemende anti-Joodse maatregelen van de Duitsers werd de Joodse Raad overladen met werk en heerste er dag en nacht een onbeschrijfelijke drukte aan de Mathenesserlaan 208, waar het kantoor zich bevond. Er werd financiële hulp geboden aan Joden die hun baan waren kwijtgeraakt en mensen die werden gedeporteerd kregen er proviand, kleding en geneesmiddelen mee.

Toen kleding steeds schaarser werd, sprongen Anton, zijn broer Piet en Cocky en haar zus Jeanne in de bres. Om de hoek van de kleermakerij stond aan de Mauritsstraat een pand leeg. De vier hielpen de Joodse Raad deze in te richten als een naaiatelier en ze begeleidden de naaisters bij de reparatie van kleding. Naast dat pand was ook een openbare gaarkeuken ingericht. Cocky en haar zus brachten er regelmatig zakken vol levensmiddelen naartoe die ze her en der wisten te ritselen.

Van grootschalige deportatie was in Rotterdam begin 1941 nog geen sprake, maar het duurde niet lang voordat de overslag van tabak in Loods 24 aan de Binnenhaven plaats zou maken voor de deportatie van Joodse mannen, vrouwen en kinderen.

In maart kwam de Jodenvervolging in Rotterdam op stoom en toen ook niet-Joden de ene na de andere verordening voor de kiezen kregen, begonnen individuele irritaties steeds vaker te condenseren tot clusters militant verzet. Sabotage en insubordinatie namen hand over hand toe. Toen ook iedere niet-Joodse Rotterdammer een identiteitsbewijs met pasfoto en vingerafdruk bij zich moest dragen, begon dat pas werkelijk wrevel op te wekken in de straten van de havenstad.

Tegelijk met de invoering van de volksregistratie en persoonsbewijzen begon de vervalsingsindustrie, vaak door exact dezelfde mensen die bij het vervaardigen van de echte persoonsbewijzen betrokken waren.

Uit diverse getuigenissen, documenten en briefwisselingen is naar voren gekomen dat Cocky en Anton op goede voet stonden met Jo Berlijn, die later onder de verzetsnaam Van Keulen zou opereren. Jo woonde vlak bij de Sanders', kwam geregeld bij hen over de vloer en de broer van Jo had aan de Binnenweg een kapsalon waar Anton zijn haar liet knippen. Deze Jo Berlijn kon door zijn uitgebreide kennis van chemicaliën de vervloekte 'J' uit de Joodse persoonsbewijzen verwijderen en sloot zich al snel aan bij een dan nog kleine vervalsingscentrale die in een van de kelders aan de Mathenesserweg overuren draaide. Hij ging er samenwerken met Kees van den Engel (Cock), een andere goede vriend van Cocky en Anton. Vanaf dat moment opereerde de vervalsingscentrale onder de naam Firma Coco (Cock en Co).

Maar ook onder familieleden van het aanstaande echtpaar laaide de weerstand tegen de bezetter op. Paul van Houte, de jongere neef van Cocky, kalkte overal in de stad 'OZO', Oranje Zal Overwinnen, op deuren en muren. Later ontaardde dit in 'HALLO', Hang Alle Laffe Landverraders Op. De zwager van Anton, houtmagnaat Joop van Lamoen, leverde geregeld transportmiddelen waarmee overvallen werden gepleegd op overheidsgebouwen, zo blijkt uit naoorlogse verslagen. Beetje bij beetje begon het verzet meer vorm te krijgen en te groeien. Steeds meer vrienden en familieleden van Cocky en Anton raakten betrokken bij illegale acties. Op kleinschalig, persoonlijk niveau bijvoorbeeld: over werk dat doorgaans een dag in beslag nam, werd nu een week gedaan. Maar ook voor het grovere verzetswerk draaiden sommigen hun hand niet om. Verschillende ooms en neven van Cocky werkten, net als haar vader, in de havens. Die drukten daar springstof en wapens achterover, schetsten plattegronden van Duitse strategische installaties in de havens en sneden om de haverklap kabels van communicatiesystemen en afweergeschut door.

Ook de zwarte markt groeide explosief, de smokkel van illegale distributiebonnen, levensmiddelen, geld en heimelijke boodschappen nam langzaamaan toe. Jeanne, de zus van Cocky, zou jaren later vertellen dat ze 'op de zolder van de kleermakerij in heel wat voeringen onzichtbare zakken hadden genaaid'. Cocky heeft mij en andere familieleden meermaals verteld dat ze in de oorlog 'wel duizenden kilometers had gefietst'. De Amerikaanse piloot Jim Keeffe die jaren later bij Cocky en Anton ondergedoken zat, schreef jaren na de oorlog in zijn memoires: 'Zelfs in de zomer van 1944 beschikte Cocky nog over een goed functionerende fiets met rubberen banden, terwijl de meeste mensen al op kale velgen of houten banden reden, als de fiets al niet in beslag was genomen.' Cocky begon vanaf 1941 steeds vaker op haar fiets geheime waar in de voering van haar vest of jas door de stad rond te brengen.

Ook kerkgenootschappen begonnen zich nu openlijk uit te spreken tegen het Duitse regime in Rotterdam. Cocky en Anton stonden op goede voet met pater Hanckx en kapelaan Haanen van de Sint-Ignatiuskerk aan de Westzeedijk en beide geestelijken veroordeelden openlijk de anti-Joodse maatregelen en schreven smeekbedes aan het adres van rijkscommissaris Seyss-Inquart om de teugels te laten vieren ten opzichte van de Joodse mensen. Universiteiten en scholen begonnen zich ook steeds heviger te verzetten tegen de invloed van de nazi-ideologie op wetenschap en onderwijs. In het voorjaar van 1941 was de burgerlijke bereidheid om de Duitsers nog langer te faciliteren met de bezetting bijna tot het nulpunt gezakt. Aan de andere kant kreeg de Nationaal-Socialistische Beweging – NSB – steeds meer aanwas. Alhoewel van een enorme beweging geen sprake was; met 60.000 NSB-leden op een bevolking van negen miljoen Nederlanders. De straattroepen van de NSB, de Weer-Afdeling (WA), marcheerden steeds opzichtiger in militaire uniformen door de straten, maar werden ook steeds vaker bespot. Cocky verafschuwde de 'collaborerende kereltjes in de foeilelijke uniforms', zei ze tegen Ans Segers toen ze samen voor het raam van de kleermakerij de zingende WA voorbij zagen marcheren.

Omdat alle andere Nederlandse politieke partijen werden verboden, werd er een nieuwe partij opgericht die binnen mum van tijd al een miljoen sympathisanten had: de Nederlandsche Unie. Deze partij werd binnen drie maanden na de Nederlandse capitulatie opgericht met als doel de NSB de wind uit de zeilen te nemen. Ze riepen het Nederlandse volk op zich te verenigen, 'tot doelbewuste arbeid voor het behoud en de versterking van vaderland en volksgemeenschap en tot voorbereiding van de voorwaarden en de wegen van hun bestaan en welzijn in de toekomst'.

De Duitsers stonden deze partij toe met de kanttekening dat ze aan hen verantwoording dienden af te leggen. De Unie mocht van de Duitsers even bestaan omdat ze toezegden met de Duitsers te willen samenwerken. Maar de samenwerking liep op niets uit, waarna ook deze politieke organisatie werd verboden. De NSB, de enige overgebleven partij, kreeg geen greintje macht van het Berlijnse hoofdkwartier, omdat de partij een te geringe aanwas had, door het gros van de Nederlanders diep gehaat werd en ze in de ogen van de Duitsers slecht georganiseerd was. En als de Duitsers ergens een hekel aan hadden, dan was het wel een slecht georganiseerde organisatie. Hitler had de voorkeur voor een 'antisemitisme van de ratio', keurige wetten en regels die de

Endlösung van de Joden moesten stroomlijnen, in plaats van chaotische, impulsieve pogroms. Om dat voor elkaar te krijgen moest het onderscheid tussen Joods en niet-Joods allereerst helder geformuleerd worden. Maar dat bleek lastiger dan gedacht.

Toen Seyss-Inquart verordening no. 6/41 uitvaardigde waarin de aanmeldingsplicht van kracht ging voor mensen van 'geheel of gedeeltelijk joodschen bloede' was de definitie van een 'Jood' nogal ruim genomen. Als een van je grootouders Joods was of op het joodse geloof was overgestapt, was registratie verplicht. Dat zat Anton niet lekker. Zijn grootvader was weliswaar Joods geboren, maar rond zijn twintigste katholiek geworden. Bovendien gold de regel dat je alleen vol-Jood was als je een Joodse moeder had en die had Anton niet. Zijn blonde moeder Martina Zeegers oogde als een Germaanse Arische en was in hart en nieren katholiek. Toch was hij er niet helemaal gerust op. Een groot deel van de familie bestond uit allerlei gradaties heel-, half-, en kwart-Joden die zich vrijwel allemaal op verzoek van de Duitsers registreerden. Maar helemaal duidelijk was het niet. Neem de naam Sanders. Die had etymologisch gezien een kenmerkend Joodse connotatie. Onder de ruim honderdduizend Nederlands-Joodse Tweede Wereldoorlogslachtoffers droegen 234 de achternaam Sanders. Daarvan waren twaalf mensen directe familieleden van Anton.

Op het eerste gezicht beschikte Anton over allerlei uiterlijke en innerlijke karakteristieken waardoor iemand door de nazi's al snel als verdacht werd gemarkeerd. Hij had weliswaar niet de scherpe, grote haakneus van zijn vader geërfd, maar wel dik zwart haar, geprononceerde lippen en gitzwarte ogen. Typische Joodse karaktertrekken – volgens de Duitse rassenleer – als materialisme, inhaligheid en gierigheid waren de kleermaker ook niet vreemd.

De Joodse man werd door de Duitsers gezien als verwijfd, losbandig en als notoire verleider van Arische vrouwen beschouwd. Het feit dat Anton een eloquente dandyeske kleermaker was, een beroep dat veel door Joden werd uitgeoefend, en een charmeur pur sang, pleitte ook niet bepaald voor zijn zaak.

Toen mijn moeder en ik in de zomer van 2019 door het gerestaureerde voormalige pand van de kleermaker liepen, zei ze terloops terwijl we een kleine kamer passeerden: 'Daar stond de ladekast waarachter mijn moeder jaren na de oorlog tientallen liefdesbrieven vond van vreemde vrouwen.'

Anton zou volgens de nationaalsocialistische rassentheorie met een beetje kwade wil al snel tot een minderwaardige bastaard kunnen worden gerekend, wiens omgang met een Arische schoonheid als Cocky verboden moest worden, ware het niet dat Anton aantoonbaar op jonge leeftijd katholiek was gedoopt en niet besneden was.

Antons Joodse grootvader Petrus Sanders wilde op 13 mei 1868 trouwen met de katholieke Elisabeth Kassels. Haar familie eiste dat hij zich zou bekeren tot het katholicisme. En dat deed hij. Dertig jaar later, op 21 april 1898, trouwde zijn zoon Anton met de katholieke Martina Zeegers en kreeg vijf kinderen, waaronder Anton junior. De katholieke identiteit van Anton stond dus onomstotelijk vast. Daarom stelde hij de protestantse Cocky van Houte toen ze in het voorjaar van 1941 een trouwdatum prikten maar één voorwaarde: ze moest zich bekeren tot het katholicisme. De protestantse Cocky had helemaal niets met alle toeters en bellen van het katholieke geloof, toch zwichtte ze al snel. Anton was niet alleen hoffelijk en aantrekkelijk, maar ook ruim bedeeld en dat maakte de religieuze overstap minder lastig.

Ruim honderdduizend Nederlandse Joden hadden zich in het voorjaar van '41 netjes aangemeld, Anton zat daar niet bij. Feitelijk gezien had Anton ook helemaal niets met het Jodendom van doen, maar de onzekerheid nam steeds verder toe bij hem. Wanneer was je nu wel of geen Jood? Ging het om de bloedlijn of de religie? Was hij nu wel of geen bastaard?

Zonder zichzelf aan te melden, voelden hij en Cocky zich wél geroepen enkele vol- en half-Joodse familieleden en vrienden met behulp van advocaten, boekhouders, notarissen en vervalsers te helpen bij het opstellen van een Herzieningsverzoek. Daarmee kon je als Jood in aanmerking komen voor een heroverweging van je etnische status. In dat verzoek aan de *Entscheidungsstelle* moest je aantonen dat je ofwel uit een 'buitenechtelijke relatie met een niet-Jood' was geboren, of Portugees-Joodse of christelijke voorouders had of bewijzen geen lid te zijn van een Nederlands-Israëlitisch kerkgenootschap. Dat was voor veel Joden helemaal niet aan te tonen, maar Anton en Cocky wisten met wat documentvervalsingen en notarieel gerommel zo enkele familieleden uit de kaken van het Duitse omvolkingsapparaat te redden.

Ondertussen produceerden de vlijtige nazi's in de eerste maanden van 1941 de ene verordening na de andere waardoor de Joodse gemeenschap zich steeds verder in het nauw gedreven voelde. Iedere Rotterdamse ambtenaar moest een Ariërverklaring invullen, Joodse ambtenaren werden massaal ontslagen, Joodse zakenlui werden uit de eigen onderneming geweerd, steeds vaker verschenen borden met 'Joden niet gewenscht' en Joden mochten niet langer studeren en in cafés, restaurants, bioscopen, schouwburgen, bibliotheken en zwembaden komen. Voor Anton stond één ding al snel vast: hoe eerder hij Cocky voor de burgerlijke stand en onder auspiciën van het katholieke geloof zou trouwen, hoe effectiever hij het rookgordijn kon optrekken dat zijn Joodse wortels verhulde.

Uit diverse bronnen blijkt dat na het bruiloftsfeest van het stel, dat in april 1941 plaatsvond, de rol van Anton en Cocky in het verzetsnetwerk steeds serieuzer werd. Uit naoorlogse briefwisselingen valt op te maken dat de directe, persoonlijke omstandigheden hen sterkten in de wens hun landgenoten bij te staan. Ze zouden aanvankelijk vooral hulp bieden aan onderduikers.

Enorme aantallen vluchtelingen en onderduikers hadden behoefte aan voedsel en huisvesting. Kleine verzetsgroepen groeiden gedurende het jaar 1941 uit tot de Landelijke Organisatie voor Hulp aan Onderduikers, oftewel de LO. De meer onbevreesde durfals onder de vrienden van Cocky en Anton wierpen zich al snel op de meer risicovolle activiteiten, die zich in 1941 weer groepeerden in een andere landelijke organisatie: de LKP – de Landelijke Knokploegen. Beide organisaties werkten steeds vaker samen. Cocky en Anton moeten de nazistische volksschifting en toenemende repressie niet langer hebben kunnen verenigen met de eigen moraal en ideologische levensvisie en namen een prominente rol voor hun rekening binnen de LO. De diepgelovige katholieke Anton kon het gewoonweg allemaal niet langer aanzien hoe de stad en haar inwoners werden belaagd door de Duitsers en het beeld dat Cocky aanvankelijk van de Duitsers had, was inmiddels ook radicaal omgeslagen. Dat was tien jaar eerder nog uiterst rooskleurig geweest.

Cocky had in 1932 de eerste Duitse speelfilm met geluid in de bioscoop gezien en zag Marlene Dietrich in *Der Blaue Engel* 'Ich bin von Kopf bis Fuß auf Liebe eingestellt' zingen. Ze wilde niets liever dan zelf ook op het witte doek verschijnen. In die tijd kwam er in haar ogen nog niets dan goeds uit de Duitstalige landen, dus zonder haar ouders ervan op de hoogte te stellen stuurde ze de Duitse filmmaatschappij UFA in 1933 – Hitler was net aan de macht gekomen – een brief met foto's van haarzelf waarin ze aangaf auditie te willen doen. De filmmaatschappij had haar direct uitgenodigd, maar Cocky ontdekte dat pas jaren later toen ze de UFA-uitnodiging onder in een la vond. Haar vader had de uitnodiging van de filmmaatschappij om naar Berlijn af te reizen onderschept en direct verstopt. Hij zag zijn jonge, aantrekkelijke dochter niet graag naar de nazihoofdstad vertrekken. Alhoewel Cocky daar jarenlang verbolgen over was geweest, kon ze haar vaders actie pas later begrijpen, toen ze ontdekte waartoe de moffen in staat waren. Het feit dat zelfs prins Bernhard Nederland was ontvlucht terwijl hij van Duitse afkomst was, sprak volgens haar boekdelen.

6

Bruiloft

Onder Duitse bezetting was het vrij eenvoudig om op dezelfde dag – Cocky en Anton kozen voor woensdag 23 april – zowel de trouwzaal van het Rotterdamse stadhuis als de Christus Koningkerk in Hillegersberg te reserveren. Dat was in andere tijden lastiger geweest, maar Rotterdam zat intussen in een lage huwelijksconjunctuur. In heel 1941 zouden er in Rotterdam slechts vijfduizend huwelijken worden voltrokken, terwijl het gemiddelde in voor- en naoorlogse jaren bijna op het dubbele lag. Trouwen in het stadhuis én in de kerk was voor de meeste Rotterdammers financieel sowieso nog nauwelijks haalbaar, maar de familie Sanders zat dankzij de lucratieve chique kleermakerij-business goed in de slappe was.

Na de dramatisch sombere en ijskoude wintermaanden, door het gemis van de eens zo oergezellige binnenstad en de toenemende misère onder haar inwoners en, in het geval van de Sanders', het verdriet na het plotselinge overlijden van Anton senior, werd de huwelijksaankondiging met veel vreugde onthaald.

Nergens in de stad was verder nog een greintje lol te beleven. Door de verduisteringsmaatregelen was het na zonsondergang pikkedonker en vanwege de avondklok begaf geen sterveling zich nog buiten op straat. Alleen bij volle maan kon je je nog weleens buiten wagen. Maar dat deed niemand, want de Britse luchtmacht bombardeerde ook bij volle maan. En de Britse bombardementen hielden onophoudelijk aan.

Van nieuwjaarsdag tot aan het huwelijk op 23 april ging het luchtalarm ruim veertig keer af en werd er elf keer gebombardeerd, waarbij zo'n zeventig burgers het leven lieten. Op de verjaardag van Hitler, drie dagen voor het huwelijk van Cocky en Anton, hadden de Britten een Duitse kazerne in Rotterdam bij wijze van verjaardagscadeau willen bombarderen, maar de bommen misten doel en er kwamen alleen burgers om. Dat was overigens geen uitzondering, de precisiebombardementen waren vaak meer nattevinger- dan maatwerk. De Rotterdammers leken er steeds meer immuun voor te worden; café- en theaterbezoekers bleven steeds vaker gewoon zitten terwijl ze buiten de bommen en het afweergeschut hoorden knallen.

Precies twee weken voor het huwelijk van Cocky en Anton werd er tot grote ontsteltenis van de Rotterdammers een algeheel dansverbod uitgevaardigd. In besloten kring mocht nog wel worden gedanst. De bezetter verstevigde daarmee de grip op iedere uiting die als gezagsondermijnend kon worden beschouwd.

Anton kon het soms maar moeilijk rijmen allemaal. Hij kreeg meermaals Duitse klanten over de vloer en kon die keurige heren, al dan niet in uniform, niet vereenzelvigen met de sadistische en xenofobe verordeningen waarmee de Rotterdamse en vooral Joodse goegemeente te kampen had. Sommige Duitsers waren best geschikte kerels, terwijl de ideologie die hen aanstuurde ronduit mensonterend was.

De families Sanders en Van Houte hadden hun handen vol aan het huwelijk dat in de lente zou plaatsvinden. De dikwijls laconieke

Anton werd weleens een gebrek aan zakelijkheid verweten, maar op het gebied van publiciteit en klantenbinding liep hij jaren vooruit. Hij had zijn aanstaande bruiloft meteen aangegrepen om de kleermakerij weer eens goed op de kaart te zetten en achthonderd uitnodigingen laten stencilen. De uitnodigingen gingen naar familieleden, vrienden en zakenrelaties. Maar ook naar invloedrijke en welvarende figuren die nog niet in het klantenbestand waren opgenomen, maar het huwelijk wel extra cachet zouden verlenen. Niet alleen speelde Anton met de berg uitnodigingen de kleermakerij flink in de kijker, het was ook een manier om het klantenbestand te schiften op adressen die niet langer klopten. Bovendien moet het Anton zijn gaan dagen dat de goede naam van de kleermakerij en het rijke klantenbestand een geschikte dekmantel zouden kunnen vormen voor clandestiene verzetszaken. Voor Anton stond voorop dat dit niet zomaar een huwelijk zou zijn, maar een unieke gebeurtenis waar de prominenten van de stad gezien wilden worden. Hij kon zijn spitsvondige en charmante Cocky introduceren als zijn echtgenote en zijn eigen status als succesvolle niet-Jood definitief vestigen.

Naai-assistent Ans Segers kon zich in 2003 de aanloop naar het huwelijk nog goed voor de geest halen. Ze was onder de indruk van Antons geestdrift en had zelfs meegeholpen met het stencilen van de uitnodigingen. De datum van de huwelijksvoltrekking werd op de uitnodiging vermeld, het programma van de dag, tijdstippen en locaties, de dresscode én de toezegging dat Kleermakerij Anton Sanders 30 procent korting gaf op stomen, strijken, verstelwerkzaamheden en verfbaden voor vaal geworden pakken. Bij aanschaf van een nieuw maatpak kreeg je zelfs 40 procent korting.

Het stel ontving boven verwachting veel reacties op de uitnodigingen, maar juist opvallend veel Joodse genodigden lieten het afweten. Naast de reacties van vrienden, familie en kennissen hadden ook enkele hoogwaardigheidsbekleders, invloedrijke zakenlui, beroemde artiesten en hoge geestelijken positief gereageerd op de uitnodiging, ook al kende het stel ze nauwelijks persoonlijk. Een aantal vaste en vermogende klanten van de kleermakerij gaven in hun r.s.v.p. zelfs aan de bruiloft met giften en donaties te willen sponsoren. De ophef over het aanstaande bruidsfeest had het gewenste effect: het gonsde onder Antons clientèle.

Ondertussen trokken familie en vrienden alles uit de kast om het bruiloftsfeest alle luister bij te zetten die binnen de beperkte omstandigheden tot de mogelijkheden behoorde. Voorraden en rantsoenbonnen werden opgespaard, op de zwarte markt werden zakken thee en surrogaatkoffie gekocht, maar ook vaten wijn, bier en kratten vol ingrediënten voor hapjes en gebak.

Cocky en Anton werden steeds handiger in de handel op de zwarte markt, waarbij deals op de vreemdste plekken werden gesloten; achter in de kerk, in de kappersstoel of in de pasruimte van het naaiatelier. De kleermakerij ontwikkelde zich steeds meer tot een valutafabriek. Uit een twintig meter lange rol stof van ongeveer honderd gulden, sneed Anton zo vijf maatpakken die gemiddeld zevenhonderd gulden per stuk kostten.

Cocky en Anton ruilden maatpakken en stoffen alsof het pakken geld waren en wisten van alles te ritselen wat voor de doorsnee-Rotterdammer buiten bereik lag: zakken meel en graan, kannen melk, dozen eieren, flessen spijsolie, kilo's suiker, potten jam en zelfs manden vol vers fruit. Aan zakenrelaties doneerden ze maatpakken in ruil voor dozen gin, jenever en whisky. De feestverlichting werd geleverd tegen wat verstelwerk van overalls, fotograaf Albert Broekhuizen kreeg voor een paar foto's een nieuwe look, muzikanten werden uitbetaald in overhemden en stropdassen. Volgens Ans Segers wist Cocky zelfs oranjerode rollen velours op de kop te tikken die Ans moest verstellen en die als banieren in de kerk zouden dienen. Ook had Cocky rollen gekleurd papier geritseld waar ze met Ans en de zussen van Anton slingers en confetti uit knipte. De zus van Cocky vertelde later dat ze met veel vernuft alle ingrediënten voor de bruidstaart en hapjes bij elkaar hadden gesprokkeld; daar had ze de voormalige medewerkers van de banketbakkerij voor opgetrommeld.

Iedereen droeg zijn steentje bij. Antons broer Piet boog zich over het vervoer van het bruidspaar. Dat bleek een lastige opgave. Aangezien nergens nog een druppel benzine te krijgen was, had hij zijn zwager Joop zo ver gekregen zijn tien jaar oude koningsblauwe Packard, die al maanden stond te verstoffen in de garage, om te bouwen zodat die ook op gas kon rijden. Enig minpunt was wel dat de super-de-luxe slee nu een aftandse aanhangwagen met gasgenerator moest voorttrekken en dat de chique bruidskleding er ontzettend van ging stinken. Maar goed, alles beter dan per tram of fiets naar de drie huwelijkslocaties: het stadhuis, de kerk en de woning aan de Straatweg.

Een maand voor de bruiloft was de kleermakerij net een bijenkorf, zou Ans Segers vertellen. Het naaiatelier had vol met half aangeklede paspoppen gestaan. De vloer was bezaaid met een lappendeken aan stoffen, voeringen en patronen. Overal waren handen met meetlinten, scharen, messen, speldenkussens en kluwen draad in de weer en onderwijl was het een komen en gaan van familie, genodigden en klanten.

Op woensdag 23 april was het fris voor de tijd van het jaar, grauw en bewolkt, maar het mocht de pret niet drukken. Anton had al wel wat glimpen opgevangen van Cocky's huwelijksuitdossingen, maar toen hij haar 's morgens in haar eerste kokette trouw-outfit voor de huwelijksinzegening op het stadhuis de trap van de woning aan de Straatweg af zag schrijden, realiseerde hij zich opnieuw dat hun huwelijk het verstandelijke oversteeg. Ze zag er oogverblindend uit in haar sobere, maar strakke ivoorwitte jurk in jaren twintig garçonne-stijl. Anton droeg een zwart rokkostuum met krijtstreeppantalon, een wit overhemd en een oranjerode stropdas in dubbele Windsor-knoop, een zwarte hoge hoed en kalfsleren handschoenen. Alle schoenen van de familieleden waren blinkend opgeborsteld en de sieraden, horloges en brillen opgepoetst.

Om half twaalf vertrok een klein gezelschap in de koningsblauwe Packard met gasaanhangwagen en de oude Buick van oom Leendert richting Coolsingel nummer 40. Onder donkergrijze wolken en in een vrijwel desolate omgeving had het stadhuis er onheilspellend bij gelegen. Het was een absurd contrast, het kleine, uitgedoste gezelschap tegen het decor van een geruïneerde en kaalgeslagen binnenstad, waar fier overeind, als een van de laatste relicten het statige pas gebouwde neoclassicistische stadhuis prijkte. Dat contrast werd nog eens versterkt doordat wegens de algehele voedselschaarste stukken leegstaande grond rondom het stadhuis waren omgeploegd tot landbouwgrond waar aardappels en rogge werden gekweekt.

De enorme hitte van het grote bombardement van een jaar eerder had het beton van het stadhuis weliswaar uitgedroogd, maar het casco intact gelaten. De geringe schade aan de gevel was, op wat kogelgaten na, gerestaureerd. De Duitsers hadden er zaak van gemaakt het stadhuis zo snel mogelijk na het bombardement weer spic en span te krijgen, zodat het gebouw als een icoon van de vooruitgang zou dienen.

Terwijl het stel buiten nog even opkeek naar de hoge klokkentoren met gouden vredesengel en onder de Latijnse tekst 'Slaafse navolging van de wet is onverstandig' doorliep, voelde het alsof ze het hol van de leeuw betraden.

Eenmaal onder de grote koepel van de hal kreeg dat voorgevoel direct gestalte toen ze twee geüniformeerde Duitsers tegemoet liepen die breed grijnzend knikten en ongevraagd een foto van hen maakten. Er werd door beambten en passanten die door de hal paradeerden in een mengelmoes van Duits en Nederlands gecommuniceerd. Toen Cocky en Anton zich bij de receptie inschreven in het trouwregister, zagen ze tot hun ontsteltenis niet 'huwelijk' staan boven aan de openliggende pagina, maar in rode blokletters 'Trauung'.

Terwijl ze langs de glanzende gouden leuningen van de staatsietrap omhoog zwierden hoorde Cocky de Duitse officieren prevelen: '*Wer bekommt es in den Kopf, in dieser Zeit zu heiraten,*' 'Wie haalt het in zijn hoofd in deze tijd te trouwen.'

Burgemeester Pieter Oud was nog in functie, maar de nazi's en NSB'ers hijgden hem bij alles in de nek. Die macabere machtsstrijd was in de wandelgangen van het gemeentelijke hoofdkwartier bijna tastbaar. Desondanks hadden Anton en Cocky uit puur nostalgische overwegingen tóch in het stadhuis van Rotterdam voor de wet willen trouwen, in plaats van in dat van Hillegersberg. Het stadhuis was voor hen het laatste bastion van de oude stad.

De beambten deden hun best het aanstaande echtpaar op hun gemak te stellen. Net voordat ze de lege trouwzaal in kwamen zette de dienstdoende organist met veel pastiche een galmend 'Canon in D' van Pachelbel in.

Toen even later het huwelijk was voltrokken, het echtpaar elkaar de trouwring had omgedaan en elkaar een korte kus had gegeven, wisten ze niet hoe snel ze het door de Duitsers geïnfiltreerde gemeentelijk bolwerk weer moesten verlaten. Ook buiten werd er nog onverwachts een foto gemaakt door de officieren, maar poseren deed het echtpaar niet. Ze vlogen over de treden en doken de Packard in op weg naar Hillegersberg. Het is niet onwaarschijnlijk dat Anton in de auto direct een koude mousserende wijn aan zijn kersverse echtgenote serveerde.

In de woning aan de Straatweg stond intussen een kleine hofhouding paraat om het echtpaar te onthalen en Cocky's jurk voor in het stadhuis te vervangen door de weelderige jurk voor de kerkelijke inzegening. Terwijl andere bruiden in oorlogstijd nog trouwden in verknipte parachutestof of wit linnen dat ze met punten op de textielkaart bij elkaar hadden gespaard, hadden Cocky en Anton al hun inventiviteit aangewend om Cocky's bruidsjurk naar vooroorlogs niveau te tillen. Ook de eigen familiegarderobes werden niet gespaard. Hele happen wit satijn en zijde waren uit de trouwjurk van Antons schoonzus losgepeuterd. Ook het witte brokaat uit de tabberd van zijn moeder Martina werd in de trouwjurk verwerkt. Over de duizend witte neppareltjes en bloemborduursels op de zes meter lange sleep hadden Jeanne en Ans weken gedaan. Anton had her en der tegen buitensporig hoge bedragen de laatste resten zijde en Brits wol op de kop getikt en alle bruikbare stofresten die nog op voorraad waren, gerecycled voor de kleding van de genodigden die van de kortingsactie van de kleermakerij gebruikmaakten.

De Christus Koningkerk aan het Statenplein was slechts een paar honderd meter van de woning aan de Straatweg verwijderd, maar dat nam niet weg dat Cocky en Anton en de genodigden de korte afstand overbrugden in een bonte stoet vervoersmiddelen.

Achter de pruttelende blauwe Packard met het bruidspaar reed de afgeladen oude Buick van oom Leendert, daar weer achter een drom fietsende familieleden, een bakfiets met vrienden, een motor met oom en tante en een neef en nicht waren te paard. Toen de trouwstoet bij de gotische kerk aankwam en een grote groep hen juichend verwelkomde, hielden passanten even stil, minderde tramlijn 4 vaart en gaapten allen het bonte gezelschap aan alsof ze naar een sprookjesfilm keken.

Het was niet zomaar een groep genodigden die acte de présence had gegeven. Ze waren afkomstig uit alle lagen van de samenleving. De bisschop van Haarlem was aanwezig – want de Christus Koningkerk viel onder zijn bisdom – en enkele kapelaans en diakens van naburige kerken. Maar ook leden van het Hillegersbergse College van Burgemeester en Wethouders, de burgemeester van Schiebroek, een delegatie van de Rotary, rijke havenbaronnen, industriëlen, bekende artiesten, kopstukken uit de gemeenteraad en zo'n honderd vrienden en kennissen.

De timing was perfect. Anton en Cocky zagen zich sindsdien verzekerd van een stoel aan iedere tafel in de stad. En dat zou goed van pas komen in de komende oorlogsjaren.

Het bonte gezelschap verzamelde zich om het stel en vormde een haag van armen toen ze in processie naar het altaar liepen. Anton had de kerk tien jaar ervoor gebouwd zien worden en hij en zijn familie waren er sindsdien vaker dan iedere zondag te vinden. De spitsbogen in de gevel, het hoge zadeldak met kroonluchters, het Moorse metselwerk; het frisse en moderne ontwerp gaf de huwelijksceremonie een mystiek, maar ook zakelijk karakter. Toen de bisschop een kruis sloeg en Cocky en Anton gingen zitten, begon hij, zo zou Jeanne jaren later zeggen, een indrukwekkende preek. Na Cocky's overlijden vond ik tussen haar spullen een uitgeschreven speech die van een Rotterdamse geestelijke moet zijn geweest.

‘Is God dood?’

De zaal was meteen muisstil.

‘God sterft niet als wij ophouden in God te geloven,’ vervolgde de bisschop, ‘maar wij houden op met leven als we niet meer verlicht worden door die dagelijkse, wonderlijke levensbron, die alle begrip te boven gaat [...].’

Daarna weidde de bisschop in zijn preek uit over zijn zorgen over het Joodse volk, terwijl hij het woord Jood niet één keer in de mond nam:

> Als eenmaal wordt toegegeven dat mensen het recht hebben om ‘de ander’ te doden, ook al betreft het weerloze andersgelovigen, dan is in beginsel de moord op ons allen, wanneer wij als andersdenkenden worden bestempeld, vrijgegeven. Wee de mensen, wee ons volk, als het heilige gebod van God, ‘Gij zult niet doden!’, dat de Heer onder donder en bliksem op de berg Sinaï heeft afgekondigd, dat God onze Schepper vanaf het begin in het geweten van de mensen heeft geschreven, niet alleen overtreden wordt, maar zelfs ongestraft uitgeoefend! Wat heeft dit alles te betekenen? Hoe moet dit aflopen? Ik heb de rijkscommissaris er hoogstpersoonlijk nadrukkelijk op gewezen hoe deze gewelddaden tegen de medemens van onbesproken gedrag en dit bruut optreden tegenover weerlozen in tegenspraak zijn met elke vorm van ridderlijkheid en slechts kunnen voortvloeien uit een dodelijke haat tegen het christelijk geloof en tegen de katholieke kerk. Maar zolang de nieuwe machthebber niet verandert, zolang zij doorgaat met het bestelen van onschuldigen, met het uit het land verjagen en kerkeren, zolang wijs ik elke band met hen af. Wij christenen willen beslist geen revolutie. Wij zullen trouw onze plicht blijven doen in gehoorzaamheid aan God, uit liefde voor mens en vaderland. Tegen de

vijand die ons pijnigt en slaat kunnen wij niet met wapens vechten. Daar rest ons enkel als strijdmiddel een krachtig, taai en hard volhouden! Gehard worden! Standvastig blijven!

'Je had een speld kunnen horen vallen,' vertelde Jeanne van Houte me jaren later.

Dit was niet zomaar een speech, maar een donderpreek. Een hartverscheurend appel op het geweten, dat het bruidspaar en de rest van het gezelschap niet onberoerd liet. Toen vroeg de bisschop een paar minuten stilte voor de gevallenen en speciale aandacht voor het onverwachte heengaan van Anton Sanders senior. Na een paar minuten stilte en een aantal gebeden werd de huwelijksceremonie voltrokken. 'Ik aanvaard je als mijn vrouw / man, en ik beloof je trouw te blijven in goede en kwade dagen, in armoede en rijkdom, in ziekte en gezondheid. Ik wil je liefhebben en waarderen al de dagen van ons leven.'

Na de inzegening barstte iedereen los in een voor de kerk doorgaans ongebruikelijk enthousiast en luid applaus en gejuich. De saxofonist stond op en speelde op verzoek van het echtpaar als slotlied 'They Can't Take That Away from Me', ondertussen wandelde iedereen de kerk uit.

Terwijl buiten het gezelschap van schnaps en hapjes genoot, leek de oorlog heel ver weg. Nog geen vierentwintig uur voor de huwelijksvoltrekking waren er tientallen Britse bommen op de stad geworpen en was de lucht boven oost, zuid en noord het decor van een spervuur aan afweergeschut, maar vandaag leek het alsof de Duitsers en Britten het militaire apparaat een snipperdag hadden gegeven.

Na een serenade van de saxofonist en een aantal strijkers vertrok het jonge echtpaar onder een regen van confetti per auto naar hun huis. De rest van de genodigden ging te voet naar de Straatweg.

Het was meteen het afscheidsfeest van de familiewoning, want het stond al te koop. In de tuin stonden vuurkorven en er hingen lampionnen in struiken en bomen en boven de steiger aan de Bergse Plas brandde een slinger gloeilampen. Iedere gast werd bij aankomst onthaald met mousserende wijnen en amuses, terwijl een groepje musici in de tuin bekende deuntjes speelde. Liedjes werden luidkeels meegezongen, speeches gehouden, toosten uitgebracht en taart en buffet waren voor zonsondergang al compleet verorberd.

Toen de schemering inviel, ging het voltallige gezelschap vanwege de Duitse verduisteringsmaatregelen naar binnen en doofden de Sanders' de vuurkorven, lampionnen en het buitenlicht in de tuin. Op alle verdiepingen werden de gordijnen dichtgedaan en het feest ging verder achter een gesloten façade. Sommigen verlieten het feest voordat het uitgaansverbod intrad, anderen bleven tot ver na het verbod en slopen later de nacht in. Tientallen bleven tot aan het ochtendkrieken.

Vanaf dan konden de overgebleven genodigden vrij met elkaar spreken en onverbloemd de zorgen delen over de huidige stand van zaken onder Duits gezag. Het is niet onaannemelijk dat naarmate de uren duurden en de drankvoorraden slonken, er ontboezemingen werden gedaan, frustraties geventileerd en verbonden werden gesloten. Alle deelgenoten zullen het dan over één ding eens zijn, de Hunnen, zoals de moffen ook wel werden genoemd, moesten zo spoedig mogelijk uit Holland worden verdreven en daartoe hoefde geen middel te worden geschuwd.

Uit de familieverhalen en briefwisselingen weten we dat vanaf dat huwelijksfeest via de Kleermakerij Anton Sanders illegale krantjes, geld en voedselbonnen werden gesmokkeld. De grote vraag is: wie voerde er het hoogste woord? De jeneverbrouwer van het Noordereiland, Eduard van Hoogeveen, die later hoofd van de Raad van Verzet zou worden, was tot in de late uren aanwezig, maar ook Kees van den Engel en Jo Berlijn, die met hun vervalsingscentrale Firma Coco valse persoonsbewijzen en voedselbonnen maakten. Tandarts Albert Jappe-Alberts – die zelf talloze onderduikers zou huisvesten en via zijn patiëntenbestand onderduikadressen zou regelen voor vluchtelingen – was er ook. Pater Hancx – hoogstwaarschijnlijk ook nog aanwezig op dat late uur – zou via zijn Ignatius-kathedraal aan de Westzeedijk faciliteren bij de zwarte handel, onderduikadressen en vluchtroutes. Ook toekomstige leden van de Landelijke Knokploegen, waarover Anton in zijn latere brieven schreef, zijn wellicht ook nog op de late afterparty; Piet de Beer (Witte Piet), zijn broer Gerrit, Samuel Esmeijer (Paul), een oud-klasgenoot van Anton, de voormalige vakbondsleider Tjerk Elsinga (Theo), die de Grote Baas werd genoemd aangezien hij later de grootste verzetsorganisatie van Rotterdam – LKP-Rotterdam – zou leiden, maar ook Boy Sissingh, die in de tijd die volgde menig landverrader zou 'omleggen', was er naar alle waarschijnlijkheid, en wellicht ook de bekende drukker Jacob van Stolk, die zich steeds meer zou gaan toeleggen op het drukken en verspreiden van illegale verzetskrantjes.

Samen vormden ze een prille verzetsgroep die zich ging bemoeien met inlichtingen verzamelen, spionage en knokploegen samenstellen, contrabande smokkelen, vervalsingen van persoonsbewijzen, documenten en stempels maken, het illegaal verspreiden van bonboeken en illegale krantjes en de huisvesting van onderduikers.

Een maand na de bruiloft kwam een klant met een Duitse krant de kleermakerij binnen en toonde het echtpaar een foto in een katern. Cocky en Anton stonden perplex. Ze zagen zichzelf gierend van het lachen met wapperende bruidskleding de treden van het stadhuis af vliegen, terwijl ze boven de foto de kop lazen: '*So heiratet man jetzt in Rotterdam.*'

Dat hun bruiloft de nazipropaganda had gevoed, had het echtpaar uitermate zuur gevonden.

7

Nazistraat

Eind april 1941 betrokken Cocky en Anton de ruime woning in de Breitnerstraat, een straat in het centrum van Rotterdam waar de gegoede middenstand woonde. Daar speelde zich achter de muren en gevels, door de plafonds en vloeren heen, op balkons en daken en in voor- en achtertuintjes, in toenemende mate een psychologische loopgravenoorlog af. De ideologische voorkeur, etnische achtergrond, politieke kleur, *Deutsche Freundlichkeit* of Joodsgezindheid verschilden er van deur tot deur, in enkele gevallen zelfs van kamer tot kamer. Hier werd oorlog gevoerd op microniveau.

De zus van Cocky vertelde jaren na de oorlog aan mijn moeder dat er vrijwel nergens zoveel stress in de lucht hing als in de Breitnerstraat. Er woonden veel zakenmensen, zowel Joods als niet-Joods, maar vanwege de moderne nieuwbouw en centrale ligging was de straat ook zeer in trek bij de Duitsers en Duitsgezinde mensen. 'Halverwege de oorlog was er geen Joods huishouden meer te bekennen. Het was net een nazistraat. Ze waren er nog maar net gaan wonen of Cocky was al met allerlei dubieuze zaakjes bezig', vertelde Jeanne. 'Je moet maar durven. Ik hoefde niet zo nodig de barricaden op.'

Het is onduidelijk waarom Anton en Cocky juist in de gevarenzone zijn gaan wonen in plaats van rustig aan de Bergse Plas de oorlog uit te zitten. Het was ongetwijfeld praktisch voor de Sanders' dat de nieuwe woning zich op loopafstand van de kleermakerij bevond. Beiden waren er vanaf die tijd dagelijks te vinden. Bovendien toonde het stel een jeugdige nonchalance tegenover het alomtegenwoordige gevaar en een uitzonderlijke moed die niet vreemd was onder de oorlogsgeneratie. De opbrengst van het grote herenhuis aan de Straatweg konden de Sanders' in ieder geval goed gebruiken in een tijd van schaarste, maar of ze de woning daadwerkelijk hadden verkocht, is niet bekend; de woningmarkt was niet bepaald gunstig. Hoe dan ook, Cocky en Anton, moeder Martina Sanders en zussen Tonny en Bep betrokken vanaf april 1941 twee woningen in de Breitnerstraat op 60B en 46, midden in het hart van de Rotterdamse oorlogsarena.

De moderne woningen waren twee jaar voordat Anton en Cocky er kwamen wonen opgeleverd en tot dan toe gespaard gebleven door bombardementen, alhoewel dat niet veel had gescheeld. De oostkant van de straat lag op slechts tientallen meters van de brandgrens van het grote bombardement. De havens, die om de paar dagen door de Britten werden gebombardeerd, lagen vrijwel om de hoek.

Het ene na het andere Joodse huis werd er in beslag genomen, jonge Nederlandse mannen werden er geronseld voor de Duitse oorlogsindustrie, de *Sicherheitsdienst* transformeerde woningen tot logementen voor Duitse beambten en overal rondom de straat werden Duitse strategische posten geïnstalleerd. Om de hoek was de Nieuwe Binnenweg dikwijls het strijdtoneel van strijdende partijen als de Nederlandsche Unie, het Nationaal Front, de NSB, de vakbonden, de Weerbaarheidsafdeling, Duitse militairen, Nederlandse politieagenten en verzetsmensen.

Als we de Breitnerstraat in vogelvlucht bekijken, zien we een weg van ongeveer achthonderd meter lang in de vorm van een boemerang maar dan met twee knikken in het midden. De straat wordt doorkruist door de brede Mathenesserlaan en aan de oostkant halverwege de straat is een kleine uitsparing waar een speelplek voor kinderen was gecreëerd en een paar bankjes stonden. Precies daar woonden de Sanders'.

Om de maisonnette van Cocky en Anton op de eerste verdieping te bereiken, moest je een stenen buitentrap op naar een Haagse portiek met vier voordeuren, 60B, 60C, 62A en 62B. Deze woningen hadden elk vijf kamers waarvan twee kleine slaapkamers op de gedeelde bovenste verdieping. De woningen waren er nogal gehorig.

Cocky en Anton zaten met hun nieuwe woning tussen twee vuren. Boven hen woonde de familie Den Haan, van wie de oudste zoon met de Duitsers sympathiseerde. De kleindochter van meneer en mevrouw Den Haan, Truus Stamkot, trok halverwege de oorlog bij hen in. Naast hen het Joodse gezin Waisvisz, de ouders en hun tienjarige zoon Eduard.

In 2019 heb ik zowel met Eduard Waisvisz als met Truus Stamkot – die jaren later de achternaam van haar echtgenoot, Buijtendijk, zal gebruiken – lange gesprekken gevoerd. Beiden vormden als jonge buren van Cocky en Anton in oorlogstijd levende getuigen die een schat aan informatie over die periode wisten op te dissen. Truus woont nog steeds in de Breitnerstraat en wilde aanvankelijk pertinent niet praten over 'al dat leed van die oorlog', maar zwichtte na enig aandringen uiteindelijk. Ze had haar hele leven geleden onder het stigma van haar foute oom en het overlijden van haar moeder, maar stortte na 75 jaar toch haar hart uit.

Ze was in 1943 zes jaar oud en verscheurd door verdriet toen haar moeder dat jaar overleed aan een hartstilstand. 'Haar hart kon de bommen en het geweld niet meer aan.' Haar vader kon niet langer voor haar zorgen en was aangewezen op de zorg van zijn ouders die aan de Breitnerstraat 60C woonden. Toen Truus er ging inwonen, woonden Cocky en Anton er net twee jaar.

Eduard vertelde over de oorlog met het zweet nog in de handpalmen. Hij was een gevoelige jongen, klein van stuk voor zijn leeftijd en net als zo veel andere Rotterdamse kinderen in die dagen al zwaar getraumatiseerd door het oorlogsgeweld. Hij woonde met zijn ouders precies een jaar op Breitnerstraat 62B toen Cocky en Anton er in 1941 kwamen wonen.

Beiden waren tijdens de oorlog directe buren van de familie Sanders, maar ze vertelden hun herinneringen vanuit een contrasterend perspectief.

Een van de beelden die Eduard na al die jaren nog op het netvlies heeft staan, was van vlak na het grote bombardement op 14 mei 1940. Toen hij die avond met zijn vader via de brandtrap het dak op ging en de hele stad onder een geel-oranje gloeiende deken zag liggen, keek hij richting de Bijenkorf en zag het donkere silhouet van de lange zuil van het gebouw door de rode vuurgloed heen. Dat beeld zou hij nooit meer vergeten.

De woning van de dan vierjarige Truus en haar ouders in Kralingen, bleef wonderwel gespaard, terwijl vrijwel alles om hen heen met de grond gelijk was gemaakt. Truus' herinneringen aan de oorlog beginnen twee jaar later, vanaf het moment dat ze in de Breitnerstraat ging wonen.

Voor beide jonge buren was de komst van Cocky en Anton al aangekondigd door wat schilderwerk en verhuiswagens. Toen de elfjarige Eduard Cocky en Anton in het voorjaar van 1941 op de stoep voor het eerst ontmoette, was hij meteen van ze gecharmeerd. Hij had zich op de nieuwe buren verheugd. De vorige bewoners van 60B, de Assendelfts, 'nare en norse mensen', keken de Waisvisz' altijd met de nek aan. Ze hadden het constante loeien van het luchtalarm en de dreiging van bommen niet langer kunnen verdragen en waren naar het platteland uitgeweken. Daar had de kleine Eduard geen traan om gelaten. Eduard had meteen een leuke band met Cocky, die altijd in was voor een kwinkslag of een lekkernij voor hem had.

'Kinderen uit de armeluizenstraten tussen de Binnenweg en Kruiskade, die dikwijls in de Breitnerstraat van deur tot deur gingen voor een aalmoes of wat te eten, kregen altijd wel wat van haar mee,' aldus Eduard.

Truus vond Cocky niet alleen erg aardig – 'Cocky had medelijden met me omdat mijn moeder was overleden' – maar keek als meisje ook enorm naar haar op. 'Ze zag er prachtig uit, had van die schitterende schoenen aan, hoge hakken, altijd up-to-date. Een moderne, nette en charmante dame.'

Over Anton was Truus minder te spreken. Ze had hem altijd een zeurpiet gevonden. 'Sterallures had hij, hautain en dikwijls afstandelijk.'

Toen ze na de oorlog volgens benedenbuurman Anton eens iets te veel lawaai had gemaakt, had hij haar toegeschreeuwd: 'Dat valt te verwachten van een familie die met de Duitsers heulde.' Door die opmerking van Anton was ze zich als jongedame pas gaan realiseren dat familieleden van haar een foute rol hadden gespeeld in de oorlog.

Eduard vond Anton altijd 'lastig te peilen, soms een beetje een "zekerer" (zeikerd), maar altijd keurig in pak en erg met zijn gezondheid begaan. Dan had hij weer van die welzijnsblaadjes gelezen waarin werd gesteld dat het drinken van spinaziewater voorkomt dat je verkouden wordt. Dan dronk hij dat dag in, dag uit, maar liep hij na verloop van tijd toch weer te snotteren.' Mijn moeder Monique kon dat bevestigen. Ze werd 'gek van al die gezondheidsdrankjes en rauwkost die we verplicht moesten eten'.

Dan had Anton volgens Eduard weer gelezen dat de baard van een man pas begon te groeien na elven 's morgens en dus vond hij het noodzakelijk zich pas rond die tijd in de keuken van de kleermakerij te scheren. Hij hield er eigenaardige tics op na.

Anton was ook altijd geobsedeerd door de gesteven vouw in zijn pantalon, die moest te allen tijde strak blijven. 'Ik mocht nooit op schoot, want dan ging zijn vouw eruit. Dat snap je als kind niet,' verzuchtte mijn moeder jaren later.

Truus beaamde dat. 'Al was het avond en had hij zijn fluwelen pantoffels aan, altijd droeg hij een perfect gestoomde pantalon.'

Regelmatig kwamen Eduard en zijn ouders in de kleermakerij. Dat had hij maar wat indrukwekkend gevonden. Dat statige pand met die hoge plafonds en al die luxe maatpakken. 'Als mijn vader er ging passen dan was dat iets heiligs. Dan zag je die afgespelde en met draden doortrokken jasjes en pantalons in de maatkleermakerij en dat werd dan ten slotte toch iets moois. Anton was een pietje-precies,' vervolgde hij. 'Knoopsgaten kon je natuurlijk machinaal veel sneller maken, maar nee, dat moest met de hand worden gedaan, want dat gaf het maatpak karakter. Maar dan had hij op een gegeven ogenblik weer moeite om knoopsgatenmaaksters te vinden.'

De talloze vacatures die Anton gedurende de oorlogstijd in diverse kranten plaatste zijn terug te vinden in het Stadsarchief Rotterdam.

Het duurde niet lang of de Waisvisz' en de Sanders' liepen in 1941 bij elkaar de deur plat. Daarentegen werd ieder contact met de 'foute' bovenburen gemeden. 'Die waren niet pluis,' zei Eduard jaren later nog met venijn. 'Hun zoon was een NSB'er.'

Truus bevestigde dat haar oom er Duitse sympathieën op na hield. 'Maar mijn opa was juist van Joodse origine, was een rozenkruiser en ging in die periode ontzettend gebukt onder de Duitse sympathieën van zijn oudste zoon.' Of er ook Duitsers in huis waren kon ze zich niet herinneren. 'Maar we hadden altijd een huis vol mensen.'

Eduard zei dat alle Joodse families in de Breitnerstraat in de zomer van 1941 al precies wisten waar de 'fouten' of 'goeden' zich bevonden. Of die Duitsers vrijwillig inwonend waren bij de familie Den Haan of dat het een gedwongen huisvesting was, wist ook Eduard zich niet te herinneren. 'Meestal werden die Duitsers bij mensen gehuisvest die al hadden laten doorschemeren sympathisanten van het regime te zijn.' Volgens Eduard had de familie Den Haan die Duitsers al op kamers voordat Anton en Cocky er kwamen wonen. 'Zo woonde bijvoorbeeld ook marineofficier Herr Meyer bij hen in die zich met van alles en nog wat bemoeide in de straat. Als Herr Meyer de portiektrap af kwam en mijn vader of moeder aantrof, gaf hij hun altijd een strak saluut. Dat vonden mijn ouders vreselijk. Alsof hij ons erop wilde attenderen dat hij ons in de smiezen had.'

Van Herr Meyer kon Truus zich niets herinneren, omdat ze toen nog in Kralingen woonde en ze voordat haar moeder overleed slechts af en toe bij haar grootouders en oom op bezoek ging. Ze kon zich wel herinneren dat grootvader Den Haan Cocky en Anton zelfs een keer had gewaarschuwd. 'Mijn opa was ter ore gekomen dat de Sanders' onderduikers hadden en dat erover gepraat werd in de straat. Daar wilde hij hen juist op attenderen, om te voorkomen dat ze opgepakt zouden worden.'

Volgens Eduard waren de Sanders', net als zijn ouders, niet blij met de Duitse enclave van de buren op 60c. 'Maar ook de sfeer in de rest van de straat was nogal unheimisch,' herinnerde

Eduard zich. 'Er woonden veel mensen die zichzelf als *Übermenschen* beschouwden en ons Joden als *Untermenschen* zagen. En ik moet je bekennen, ik was nogal klein van stuk en als je dan naast zo'n enorme Germaan in uniform stond, ging je al snel denken dat je misschien toch wel een beetje Untermensch moest zijn.'

Duitsgezinde buurtbewoners waren ruim vertegenwoordigd in de Breitnerstraat. Tegenover de familie Waisvisz en Sanders, aan de overkant van de straat, zaten constant twee zussen op een balkonnetje op de uitkijk of er niet iets gebeurde wat anti-Duits was. 'Vreselijke heksen waren dat. Een Joodse man, de bovenbuurman van oma Sanders, die op nummer 45 woonde, liep halverwege 1942 altijd precies met zijn aktetas voor zijn borst zodat je zijn Jodenster niet zag. Op de een of andere manier hadden die heksen die man verlinkt en die hebben we daarna nooit meer gezien.'

'In de zomer moest iedereen om acht uur 's avonds binnen zijn,' vervolgde Eduard, 'dus na het spelen ging ik altijd klokslag acht uur naar huis. Maar op een gegeven moment zei mijn vader: "Kom maar een kwartier eerder, want anders geven die heksen je nog aan." Je wist precies achter welke ramen de dreiging zat en voor welke huisnummers je op je hoede moest zijn.'

De spanning tussen de woningen die zo verweven waren met elkaar, hadden beide buurkinderen van de familie Sanders tot in de vezels gevoeld. 'Alles gebeurde binnenskamers,' zei Truus. 'Niets was voor de buitenwereld bestemd. Niet alleen bij ons, maar bij iedereen.'

Op de bovenste verdieping aan de achterzijde bij de familie Sanders bevonden zich twee kleine slaapkamers, een daarvan grensde aan het balkon dat uitzicht bood op drie tennisbanen op de binnenplaats van het woonblok. Op die balkons bevond zich ook een stalen brandtrap naar het dak. Naast dat kamertje zat weer een andere kleine kamer van twee bij twee die grensde aan de badkamer. Het eerste wat Anton na de verhuizing deed, was dat kamertje aftimmeren en er een kledingkast voor plaatsen die een geheime deur vormde en zo dat kamertje aan het zicht onttrok. Het zou tot eind 1944 hun opslagplaats worden van smokkelwaar: sterkedrank, goederen van de zwarte markt, een illegale radio en verboden verzetskranten. 'Als je niet bekend was met de indeling van het huis, zou je nooit kunnen vermoeden dat er zich achter die kast een geheime ruimte bevond,' aldus Eduard.

Cocky en Anton verstopten er niet alleen illegale spullen, maar in geval van nood ook zichzelf. In 2019 was dat afgetimmerde geheime kamertje nog steeds in oude staat te bezichtigen. De huidige bewoners hadden het vanuit historisch oogpunt intact gelaten en toen mijn moeder er in het voorjaar van 2014 na zestig jaar weer rondliep, duikelden de naoorlogse herinneringen over dat geheime kamertje over elkaar heen. 'Als ik boos was op mijn vader liep ik expres hard stampend de trap op en ging ik in dat donkere geluiddichte kamertje zitten mokken.' En: 'Mijn moeder zei dat het ooit een schatkamertje was waar ze waardevolle spullen verstopte.'

De Sanders' en de Waisvisz' konden het goed met elkaar vinden en kwamen dikwijls bij elkaar op de thee of op de borrel. 'Na verloop van tijd werd dat steeds lastiger,' vertelde Eduard. 'Joden mochten op een bepaald moment niet meer bij christenen op bezoek, maar dat deden we toch. Dan deden we de deuren tegenover elkaar open, loerden we om de hoek en zeiden: "Ja, jongens, het kan." Maar Cocky en Anton kwamen liever bij ons over de vloer dan wij bij hen, want dan was er minder narigheid te verwachten.'

Toen Cocky in de zomer van 1990 mentaal aftakelde, had ze nog één wens en dat was de eenennegentigjarige Riek Waisvisz bezoeken, de moeder van Eduard, die in Zwolle woonde. Mijn moeder en Cocky brachten er uren door. 'Ze wisselden herinneringen uit over van alles en nog wat, maar er werd nauwelijks over de oorlogsjaren gesproken,' zei mijn moeder.

Toen ik in de zomer van 2019 met Eduard praatte, stapelden de herinneringen over de buurt rondom de Breitnerstraat zich op. Over dat morsige café de Cosy Corner op de hoek van de Binnenweg en Mathenesserlaan waar dagelijks allerlei schimmige figuren bij elkaar kwamen, en over de Joodse slagerij om de hoek met de vreemde naam Hokie Pokie Express, waar in de vitrines steeds minder vlees te vinden was en waarvan de eigenaren van de ene op de andere dag waren verdwenen. Hij vertelde over de dagelijkse drukte in de herenkapsalon van meneer Berlijn, waar ook Anton zijn haar liet knippen en wiens broer, chemicus Jo Berlijn, die regelmatig bij de Sanders' op visite kwam, rond die tijd al bij het vervalsingswerk betrokken was. Hij herinnerde zich hoe het in de Breitnerstraat een komen en gaan was van Duitse militairen in burgerkleding en uniforms.

Truus herinnerde zich dat Cocky en Anton dikwijls op bezoek gingen bij de familie Quispel, aan de overkant van de straat. Naar verluidt was dat de wereldberoemde hoogleraar in de gnostiek Gilles Quispel. 'Een innemende familie die weer veel met de Joodse familie Frank optrok, waar Cocky het ook erg goed mee kon vinden. Maanden later waren ze allemaal uit de straat verdwenen.'

Eduard voelde na al die jaren nog steeds een diepe wroeging toen hij terugdacht aan alles wat hem als klein Joods jongetje was overkomen. Hoe zijn bewegingsvrijheid door de anti-Joodse verordeningen steeds verder werd ingeperkt bijvoorbeeld.

'Na verloop van tijd waren de Duitsers gestopt met het kenbaar maken van de verordeningen in de dagbladen en deden ze dat voortaan in het *Nieuw Israëlitisch Dagblad*. Drommen mensen verzamelden zich bij de kiosk voor een opgehangen krantje om te kijken welke ellende er nu weer onze kant op kwam.'

En dat loog er niet om. Alleen al in de eerste helft van 1941 stapelden de Joodse inperkingen zich op. Joden moesten hun radio's inleveren, Joden mochten niet langer naar openbare parken, Joden werden geweerd uit openbare zwembaden, Joodse kinderen moesten voortaan naar aparte scholen.

Na de zomervakantie gingen de scholen weer open, maar niet voor Eduard.

'Wij mochten de Germaanse kinderen niet langer vergiftigen met onze ideeën,' vertelde hij schertsend. 'Wij moesten vanaf toen naar een apart schoolgebouw. En even verderop, op de meisjes-mulo aan de Schonenbergerweg, zaten twee NSB-meisjes uit onze straat. Als de scholen tegelijk uitgingen en ik naar huis liep, hadden zij er lol in om op mijn hielen te trappen en me uit te schelden. Dan zei mijn vader, "Ach joh, loop dan over de Rochussenstraat!" Maar dan zei ik: "Nee! Ze zullen me niet klein krijgen."'

8

Untermensch

In de nacht van 3 op 4 oktober 1941 trilde de Breitnerstraat op haar grondvesten toen de Britse luchtmacht tientallen bommen van grote hoogte afwierp met als doel de Duitse activiteiten in de havens te bombarderen. Alle doelen werden opnieuw gemist. Cocky vertelde er jaren na de oorlog over aan haar schoonzoon Jan Barzilaij en ook Eduard Waisvisz kon zich dat bombardement tachtig jaar later nog helder voor de geest halen.

De bewoners aan de Breitnerstraat hadden het advies gekregen bij een luchtalarm te vluchten naar de schuilkelders aan de Nieuwe Binnenweg. Daartoe moesten alle bewoners aan de noordkant van de Breitnerstraat, op de begane grond, hun voor- en achterdeuren openen zodat de buurtbewoners via hun huis de kelders snel konden bereiken. Ook Cocky, Anton, moeder Martina, zussen Tonny en Bep en de familie Waisvisz renden op dat moment in pyjama's, pantoffels, dusters en met vluchtkoffertjes door de woningen naar de scherfvrije kelders. Jood, NSB'er, Duits, Nederlands; de hele goegemeente van de Breitnerstraat stond er gedwee in nachtkledij naast elkaar het kabaal af te wachten.

Een aantal bommen viel op een steenworp afstand van de

Breitnerstraat, op de Claes de Vrieselaan, de Heemraadssingel en de Mathenesserlaan. Daar werd de Laurentius- en Elisabethparochie getroffen en werden vijf parochianen gedood. In totaal vielen er bij dat bombardement zo'n 130 burgerslachtoffers.

Toen Cocky de volgende ochtend vernam dat ook het bejaardenhuis aan de Oostervantstraat was geraakt, maakte ze zich enorme zorgen over oma Van Houte die daar sinds 1937 woonde. De Duitsers hadden de volgende dag in een bericht laten weten dat alle 536 bejaarden waren overleden, om zo onder de Rotterdammers nog eens extra olie op het vuur te gooien over dat mislukte Britse bombardement. Maar Cocky had al snel ontdekt dat dat valse propaganda was. 'Slechts' acht mensen hadden het niet overleefd. Oma Van Houte zat in een onbeschadigde vleugel van het bejaardenhuis.

Na dat bombardement adviseerde de Nederlandse regering in Londen Rotterdammers die in de omgeving van de haven woonden te verhuizen naar veiliger gebieden. Dat zette flink wat kwaad bloed. Daarmee gaven ze de Britse luchtmacht in feite groen licht om voortaan ook Duitse doelen te bombarderen als die in of vlak bij grote woonwijken lagen. Veel Rotterdammers weigerden te verhuizen en waren verontwaardigd over het advies. We kunnen ons voorstellen dat Cocky en Anton die nacht flink getwijfeld hebben of ze er wel goed aan hadden gedaan om naar de Breitnerstraat te verhuizen, hartje oorlog.

De Nederlandse minister-president in ballingschap Gerbrandy betreurde de slachtoffers, maar onderstreepte de noodzaak van het bombardement. Toch begonnen de Rotterdammers nu ook steeds vaker de Britten te verfoeien die, uit angst voor de Duitse luchtafweer, de bommen van veel te grote hoogte wierpen waardoor ze vaker burgers dan doelen raakten.

Eind 1941 zag Eduard tegen het vallen van de avond op enkele meters van zijn woning een brandbom de stoeptegels doorklieven. 'Die ontplofte niet, maar spoot wel vonken alle kanten op, als een soort vuurwerk. Er kwam een kalkachtige brandlucht vanaf. Maar dat vuurwerk werd al snel door toestormende uniformen afgedekt met zand.' Vanaf dat moment speelde Eduard steeds vaker binnen.

De berichten van elders op het wereldstrijdtoneel waren een voorbode van de vloedgolven aan geweld die ook de Breitnerstraat al snel zouden bereiken. Waarom het nog zo lang duurde voordat de familie Waisvisz of veel andere Joodse gezinnen een veiliger heenkomen zochten, snapt Eduard na al die jaren nog steeds niet.

Terwijl de Duitse overmacht in Europa al wat barsten vertoonde, raakte de Jodenvervolging in een stroomversnelling. *Reichsmarschall* Hermann Göring schreef aan nazileider Reinhard Heydrich een van de meest weerzinwekkende brieven uit de menselijke geschiedenis. '[...] om het Jodenvraagstuk in de vorm van emigratie of evacuatie op te lossen op een manier die recht doet aan het huidige tijdsgewricht, geef ik u hierbij de opdracht om alle organisatorische en materiële voorbereidingen te treffen voor een totale oplossing van het Jodenvraagstuk in het onder Duitse invloed staande gebied in Europa.'

De eerste negenhonderd Joodse gevangenen werden een paar dagen later in Auschwitz vergast. In de herfst van 1941 ontmoette rijkscommissaris Seyss-Inquart Hitler in Berlijn en zal daar de nieuwe richtlijnen voor Nederland hebben meegekregen. Eenmaal terug in Nederland sommeerde de rijkscommissaris de Joodse Raad een Joodse cartotheek samen te stellen zodat overzichtelijk werd waar en hoeveel Joden er in Nederland woonden. Kort daarop kreeg de Joodse Raad de opdracht zich op te maken voor grootschalige deportaties.

Op 7 december 1941 bombardeerden de Japanners de Amerikaanse basis in Pearl Harbor. Direct daarop verklaarden de Verenigde Staten, Engeland én Nederland Japan de oorlog. Hitler was furieus over deze ontwikkelingen en schoof de schuld van een nieuwe wereldoorlog in de schoenen van de Joden. Volgens Hitler vormde het Jodendom een *Fremdkörper* onder de beschaafde volkeren en was hun optreden de laatste dertig jaar zo verwoestend, dat de reactie van de volkeren absoluut begrijpelijk, noodzakelijk, ja zelfs volkomen natuurlijk was. In ieder geval zouden de Joden in de komende wereld niet veel te lachen hebben.

Toen Hitler op 11 december 1941 ook Amerika de oorlog verklaarde werd de hele wereld meegezogen in haar donkerste uur. Vanaf dat moment week Hitler af van de conventionele oorlogsvoering en was uit op een vernietigingsoorlog, vooral Joden, bolsjewieken, Roma, Sinti en geestelijk en lichamelijk gehandicapten moesten het daarbij ontgelden. Vanaf eind '41 kwam alles in een stroomversnelling. In de winter werden in Oost-Europa honderdduizenden Joodse mannen, vrouwen en kinderen vermoord. In Nederland werd tezelfdertijd de een-na-laatste politieke partij, de Nederlandsche Unie, verboden en nadat Anton Mussert werd ingezworen was de NSB de enige toegestane partij. Volgens Eduard werden Kerstmis en Nieuwjaar nauwelijks gevierd in de Breitnerstraat. Zijn Joodse ouders vierden geen kerst, maar Eduard mocht Cocky helpen met het optuigen van de kerstboom. Opnieuw ging nieuwjaarsnacht geruisloos voorbij.

Van Jeanne en andere familieleden, de naoorlogse briefwisselingen en de verzetsdossiers die uit de archieven zijn opgetrommeld, weten we dat Cocky en Anton begin 1942 al aardig in de weer waren met documentvervalsingen om Joden te behoeden voor deportatie, en naar verluidt was het jonge echtpaar al voorbereidingen aan het treffen om een onderduikadres voor de familie Waisvisz te regelen, maar daar kreeg de jonge Eduard niet veel van mee. 'Er werd voor mij opzettelijk van alles verborgen. Als je aangehouden zou worden, zou je zo uit de school kunnen klappen. Het gerucht ging dat de Sicherheitsdienst ook kinderen verhoorde. Dan vroegen ze je terwijl ze je eerst op je gemak stelden: "Zeg kereltje, je vader heeft nu wel gezegd dat er beneden bij jullie in de kelder stenguns liggen, maar nu moet je mij eens vertellen, weet jij of dat ook zo is?"'

Begin 1942 werden in heel Rotterdam Joden en niet-Joodse jongemannen van hun bed gelicht om te gaan werken in Oost-Nederland en dat bracht een enorme ondergrondse migratie op gang. Veel bezorgde ouders brachten hun zonen onder op geheime adressen. Twee maanden later mochten Joden geen meubels of huisraad meer van de hand doen. 'De verhuisauto van Mol kwam voor en toen werd ons ameublement afgevoerd,' herinnerde Eduard zich. 'Mijn ouders gunden dat de moffen niet, dus sommige meubelen werden opgeslagen in een veilinghal, andere stukken gingen naar de Sanders' en andere goedgezinde buren.' Volgens Jeanne stond de opslag van de kleermakerij en de woning van Cocky en Anton halverwege de oorlog vol met spullen van Joodse families.

Vanaf mei 1942 moesten Joden de Jodenster dragen zodat ze op straat altijd herkenbaar waren. 'Die sterren hebben we maar kort gedragen,' vertelde Eduard. 'Een paar dagen daarna kwamen de razzia's en zijn wij ondergedoken. Dat was halverwege juni. De dag voordat wij onderdoken, werd er aangebeld door een jongetje,' wist Eduard zich nog te herinneren. 'Zijn vader wilde de mijne spreken, maar mijn vader had toen geantwoord: "Nee, dat is niet meer nodig."' Dat had betrekking op een vluchtroute naar Zwitserland, maar dat was erg dubieus allemaal. Van tevoren moesten er zakken geld worden overhandigd, want onderweg moesten er allemaal Duitsers worden omgekocht. Op voorhand wist je dan nog niet waar die vluchtroute zou eindigen en het aantal gevaarlijke schakels op zo'n route was legio. Als kind moest je dan een slaaptablet nemen zodat je onderweg niet zou praten. Maar mijn ouders durfden het niet aan. Er deden geruchten de ronde dat er halverwege dat traject een vrachtwagen van de SD klaarstond waarin je zo naar een kamp werd vervoerd.' Cocky en Anton hadden via vrienden en kennissen een onderduikadres paraat dat zich dichter bij Rotterdam bevond, zo zou later blijken.

Twee maanden later werd de Joodse Raad verplicht lijsten samen te stellen van alle Joden in Nederland. Sindsdien moesten Joden toestemming vragen alvorens ze verhuisden of van plan waren te reizen.

Eind november werd de *Kulturkammer* opgericht, een instituut dat de Nederlandse kunsten langs de nazistische meetlat legde; kunstenaars, musici, acteurs, artiesten en journalisten die daar niet bij waren aangesloten, werd verboden hun beroep nog langer uit te oefenen. Zo wilden de Duitsers de pers en de kunstwereld onder toezicht houden en indien nodig, censureren. Als gevolg van die maatregel voltrok zich een drama in de Breitnerstraat, vertelde Eduard. Hij werd er opnieuw geëmotioneerd van.

Een paar huizen verderop dook bij het gezin Nipoth – vader, moeder en twee jonge kinderen – kunstenaar Hartog Beem onder. Daartoe zag deze kunstenaar zich gedwongen, aangezien hij zich als Joodse kunstschilder niet alleen weigerde aan te melden bij de Joodse Raad, maar ook bij de Kulturkammer.

'Hij droeg altijd een baret en dat was voor ons kinderen een reden om hem oom Sjors te noemen, naar de stripverhalen *Sjors van de rebellenclub*.'

Op zijn onderduikadres bij de Nipoths leefde de vrouw des huizes op als hij haar portretteerde. En dat deed hij dikwijls. Toen Hartog Beem op een dag werd opgepakt en naar een werkkamp werd gestuurd, was moeder Nipoth al zo gek op de onderduiker dat ze huis, haard en kinderen achterliet om voor hem te zorgen. Omdat ze zelf geen Jodin was dacht ze waarschijnlijk zonder al te veel problemen met hem mee te kunnen reizen. Maar wat ze toen nog niet kon voorzien, was dat zij gescheiden van elkaar in het beruchte kamp Sobibór kwamen te zitten en dat kamp allebei nooit meer levend zouden verlaten.

Volgens de overlevering werd Hartog Beem er op 23 juli 1943 vergast, maar wanneer het 'Jodenliefje' mevrouw Nipoth hem precies volgde, is niet bekend.

'Hoe had moeder Nipoth haar hoofd zo op hol kunnen laten brengen dat ze haar kroost achterliet?' vroeg Eduard zich nog steeds af. 'Ze moest welhaast stapelverliefd op hem zijn geworden. Of zo naïef dat ze het gevaar niet wist in te schatten. Niet veel later werd het jonge zoontje van Nipoth compleet kaal. Hij had vanwege het gemis van zijn moeder en alle oorlogsstress haaruitval gekregen. Wat een leed voor die kleine kinderen!' Vader Nipoth en de kinderen woonden na mei 1945 niet meer in de Breitnerstraat.

Truus Buijtendijk herinnerde zich 76 jaar na dato tal van drama's die zich rond 1943 en 1944 afspeelden in de Breitnerstraat, die ze jaren later pas wist te duiden.

'Mijn opa vertelde dat er aan de overkant Joodse onderduikers zaten. De binnentrap hadden ze zo gemaakt dat die omhoog kon en daar zaten ze met z'n vijven achter. De Duitsers kregen er lucht van, maar konden de Joodse onderduikers niet traceren. Toen werden alle mannen uit de straat gedwongen buiten voor de deur op de stoep te gaan staan net zo lang tot iemand iets zou opbiechten. Alle mannen, inclusief mijn grootvader en ooms, hadden een dag en een nacht daar op de stoep gestaan, maar niemand had z'n mond voorbijgepraat.'

De zoon van de benedenbuurman van de familie Sanders, advocaat Joris Ivens – niet te verwarren met de latere beroemde Rotterdamse filmer – werd rond die tijd ook opgepakt en in een vrachtwagen gedwongen om ergens in Duitsland te gaan werken. Truus zag het nog voor zich. 'Zijn moeder hing toen gillend aan de vrachtwagen. Het was haar enige zoon. Toen sprong mijn grootmoeder erachteraan, greep haar vast en riep: "Laat los, laat los!" Mevrouw Ivens is toen midden op straat in elkaar gezakt van ellende.'

Eind juni 1942 kozen de Waisvisz' het zekere voor het onzekere en namen voor het krieken van de dag emotioneel afscheid van Cocky en Anton. Ze vertrokken onder begeleiding van twee 'helpers' per fiets naar hun nieuwe schuiladres in Dordrecht.

'Op ons onderduikadres hebben we geregeld contact met Cocky gehad,' herinnerde Eduard zich. 'Wat er dan allemaal besproken werd, wist ik niet precies, maar als Cocky langs was geweest waren mijn ouders altijd weer wat opgewekter.'

Cocky ontpopte zich die dagen al tot een fietsende voedselbonnendistributeur, maar daar bleef het niet bij. Steeds vaker verrichte ze hand- en spandiensten voor de 'ondergrondse'. Eind 1943 kreeg Eduards moeder last van pijnscheuten in haar buik, terwijl ze dan al bijna een jaar dag en nacht in de kelder van hun onderduikadres schuilden. Cocky had Jo Berlijn gevraagd mee te komen naar Dordrecht om haar te onderzoeken. Het bleken galblaasaanvallen en moeder Waisvisz moest met spoed geopereerd worden. Direct had Cocky een andere bevriende arts gevraagd – hoogstwaarschijnlijk was dat röntgenoloog Bap Quartero die aan het Sint-Franciscus Gasthuis was verbonden en waar Cocky en Anton regelmatig over de vloer kwamen – een verwijskaart uit te schrijven op een niet-Joods persoonsbewijs. Het is aannemelijk te maken dat dit persoonsbewijs geleverd werd door andere vrienden van Cocky en Anton: fotograaf Albert Broekhuizen, de Grote Baas Elsinga, ambtelijk gezagsdrager Jo Berlijn en vervalser Kees van der Engelen, oftewel Firma Coco. Daarna reden moeder Waisvisz, Cocky en twee andere 'helpers' in een auto van Dordrecht naar het Sint-Franciscus in Rotterdam waar ze werd geopereerd. Twee dagen erna reisden Cocky en Jo Berlijn weer met haar terug.

'Daar was mijn moeder Cocky zeer erkentelijk voor,' zei Eduard. Twaalf jaar na de oorlog kreeg mijn moeder Monique een splinternieuwe fiets voor haar tiende verjaardag van mevrouw Waisvisz. Ze kon niet bevatten dat ze zo'n groot cadeau kreeg van de buurvrouw. Maar mevrouw Waisvisz vertelde haar dat ze die kreeg 'omdat je moeder zo goed voor ons was geweest in de oorlog'.

De Waisvisz' waren maar net naar Dordrecht vertrokken, toen een paar weken later in Rotterdam de eerste grootschalige deportaties van Joden plaatsvonden. De *Zentralstelle für jüdische*

Auswanderung, oftewel het 'Centraal bureau voor Joodse emigratie' kwam met de oproep dat alle Joden nu voor 'werkverruiming' naar Duitsland werden gestuurd. Op de oproepkaart stond de mededeling dat zij voor persoons- en geneeskundig onderzoek eerst naar Westerbork werden overgebracht om te beoordelen of ze fysiek geschikt zouden zijn. De Rotterdamse Joden moesten zich bij Loods 24 melden, een grote houten loods die op een afgesloten haventerrein tussen de Spoorweghaven en de Binnenhaven lag. Vanaf daar vond in de nacht van 30 op 31 juli het eerste treintransport plaats en tot aan de winter van 1944 vertrokken zo'n achtduizend Rotterdamse Joden met een enkele reis naar diverse kampen, terwijl ze voor het treinticket zelf moesten betalen. Vóór 1940 woonden er ruim dertienduizend Joden in Rotterdam, na de volkstelling in mei 1947 bleken dat er nog maar 852 te zijn.

Volgens Jeanne kon haar zus Cocky dat allemaal niet verkroppen, vertelde ze jaren later aan mijn moeder. Ze zag de Jodenvervolging met walging aan en wond zich enorm op over 'die verdomde nazi's en NSB'ers die in de straat kwamen wonen'.

Jeanne en naai-assistente Ans Segers vertelden ook dat Cocky zich rond die tijd met vrijwel alles in de kleermakerij bemoeide wat niet met het snijden van maatpakken te maken had, want dat was alleen aan Anton voorbehouden. Cocky en Jeanne verstelden dikwijls op de zolder van de kleermakerij kledingstukken zodat er ongezien smokkelwaar in voeringen, bustehouders, vesten en ondergoed vervoerd kon worden. Maar van de twee zussen is het Cocky die vanaf dan als smokkelende fietskoerierster stad en land doorkruiste. Waarschijnlijk heeft Cocky met haar knappe voorkomen menig Duitse patrouille om de tuin geleid, terwijl ze wegversperringen passeerde met onder haar chique kleding stapels illegale bonboeken waarmee rantsoenen te verkrijgen waren.

In augustus 1942 volgde een tweede oproep aan de Joodse inwoners en jongemannen, maar omdat de meesten de verhalen over het eerste transport hadden gehoord weigerden velen zich nog vrijwillig te melden. Daarop besloot de bezetter 's avonds onaangekondigd de jongemannen en Joden van hun bed te lichten. Die razzia's zetten heel Rotterdam op stelten. De ene helft van de stad leek wel bij de andere ondergedoken te zitten. Het had iets weg van een macabere stoelendans.

Uit briefwisselingen van na de oorlog werd duidelijk dat Cocky en Anton en hun vriendenkring in het najaar van 1942 al flink in de weer zijn met het huisvesten van onderduikers. Anton had het in een naoorlogs verzetsdossier over een 'Ted – Bertha – Quartero die ook nog even bij ons ondergedoken had gezeten'.

Volgens mijn moeder vertelde een van de benedenburen van Cocky en Anton na de oorlog dat een van hun zonen nog een tijdje in het kamertje had gezeten dat na de oorlog haar slaapkamer was geworden. Volgens de zus van Cocky had het stel rond die tijd 'vrijwel wekelijks een andere logee'.

Zowel niet-Joodse jongeren die waren opgeroepen in de Duitse industrie te gaan werken als Joodse onderduikers konden op hun hulp rekenen. In een van de naoorlogse brieven van Jackie Jappe-Alberts, een goede vriendin van Cocky, werd gesproken over 'het meisje met de bril die bij de Sanders' ondergedoken zat'. Wie dat precies was, is niet meer te achterhalen, maar Jackie had het ook over twee Joodse kinderen van elf en dertien jaar, die eerst bij de familie Sanders waren ondergebracht en later bij de familie Jappe-Alberts. Dat waren hoogstwaarschijnlijk de kinderen van de familie Cohen die eerst bij de Sanders' hadden aangeklopt, maar nadat het aan de Breitnerstraat te gevaarlijk was geworden, ergens anders onderdak vonden. Ook het kinderloze Joodse stel Lewenstein, van de naaimachinehandel waar Anton zaken mee deed en die schuin onder hen op de begane grond woonden, hielp Cocky volgens de familieverhalen een paar wijken verderop onder te duiken. Tot ver na de Hongerwinter van '44 bracht Cocky hen en anderen bonboeken, medicijnen en voedsel. Cocky en Anton stonden volgens mijn moeder op goede voet met de familie Ivens; vader, moeder en een zoon van zestien jaar. Het is niet ondenkbaar dat Cocky en Anton, gezien hun connecties, ook hen hebben geholpen bij het vinden van een onderduikadres voor hun zoon. De zoon die even later alsnog gepakt en afgevoerd werd, kwam in juni 1945 sterk vermagerd weer bij zijn ouders in de straat wonen.

Een maand nadat de Waisvisz' uit hun woning waren gevlucht, kregen de Sanders' er nieuwe 'foute' buren bij. De Nederlandse Sicherheitsdienst-medewerker Henke betrok samen met zijn Duitse vrouw en zoontje de voormalige woning van de Waisvisz' op 62B. Henke was tot voor kort nog garagehouder geweest in een zijstraat van de Binnenweg, maar had zich direct na de bezetting aangemeld bij de Sicherheitsdienst. Hij was aanvankelijk portier bij het hoofdkantoor aan de Heemraadssingel geweest en wist geleidelijk aan op te klimmen binnen de regimenten. Toen niet veel later ook Gestapo-officieren in diezelfde woning werden ingekwartierd, de nazigezinde telg van Den Haan nog boven hen woonde, de benedenwoning van de Ivens ook door twee Duitsgezinde ambtenaren werd betrokken, de Duitsgezinde heksen aan de overkant vanuit hun kraaiennest de mensen in de Breitnerstraat bleven bespioneren en vrijwel alle lege Joodse woningen door de bezetter waren ingepikt, kregen de muren, vloeren en plafonds in de Breitnerstraat oren. Dat Cocky en Anton gezien de gehorigheid van de woningen überhaupt nog onderduikers durfden te huisvesten, getuigt van een uitzonderlijke moed.

Zo verstreek het jaar 1942 in de Breitnerstraat onder hoogspanning.

Bijna een jaar later, op 31 maart 1943, vlogen vier bommenwerpers uit Groot-Brittannië naar Rotterdam om de haven- en scheepsbouwinstallaties in het industriegebied tussen Keilehaven en Merwehaven in Rotterdam-West te bombarderen. Maar dat ging gruwelijk mis.

Dit bombardement, dat decennia later als 'het vergeten bombardement' bekend zou komen te staan, maakte, op het grote bombardement van 14 mei 1940 na, de meeste burgerslachtoffers in vijf jaar oorlog. Door de harde westelijke wind waren de bommen afgedwaald en hadden zo'n twintig hectare van de wijk Delfshaven vernietigd. In een paar seconden tijd werden zo'n 13.000 mensen dakloos en vonden 326 mensen de dood. Een Rotterdamse brandweerman vond twee dagen na het bombardement nog een levend, driejarig meisje dat vijftig uur onder het puin had gelegen.

Een ooggetuige van dit verschrikkelijke bombardement vond ik aan de andere kant van mijn familie, de Barzilaijs, die zich op dat moment toevalligerwijs heel dicht bij de familie van Cocky bevonden.

Güntha, de gouvernante van de Barzilaijs die aan de Schiedamseweg woonden, hoorde het luchtalarm afgaan en in de verte de eerste bommen neerkomen. Ze bedacht zich geen seconde, ze spurtte de trap op en nam de drie jonge kinderen en de vrouw des huizes mee en zorgde dat iedereen in een oogwenk in de vestibule schuilde. Daarmee redde ze het hele gezin. Jacques junior, de oudste zoon van Sjaak Barzilaij, kon zich het bombardement in 2019 nog scherp voor de geest halen.

'Ik was zeven jaar toen dat gebeurde. Het waren maar een paar bommenwerpers, die vanaf het zuiden aan kwamen vliegen. Onze oppas haalde ons razendsnel uit onze kamers en nam ons mee onder de trap. We stonden dicht tegen elkaar aan toen we met een oorverdovend lawaai de bommen hoorden vallen. De explosies kwamen steeds dichterbij, totdat er een zo dichtbij tot ontploffing kwam dat ik dacht dat we er geweest waren. Alles om ons heen trilde en beukte en toen hoorden we alles om ons heen instorten. Er klonk veel afweergeschut en toen het even later weer stiller werd, kropen we ongedeerd uit de vestibule en zagen tot onze schrik dat alles met de grond was gelijkgemaakt, behalve de trappen. Die stonden overal nog overeind.'

Vader Sjaak was rond dat middaguur aan het werk in zijn kolenhandel aan de Vierhavenstraat, een paar honderd meter verderop. Hij zag de bommen op zijn woonadres vallen en rende naar huis. Toen hij daar aankwam was de hele wijk platgebombardeerd en trof hij zijn woning vernietigd aan. Blinde paniek nam bezit van hem. Zijn vrouw en kinderen waren nergens te vinden. Hij doorzocht het puin van zijn huis, maar vond geen enkel spoor van ze.

Gelukkig bleek zijn gezin zonder een schrammetje direct van de plek des onheils te zijn weggelopen en naar familie in Schiebroek te zijn uitgeweken. Sjaak zou pas uren later ontdekken dat zijn vrouw en kinderen het bombardement hadden overleefd.

Was het niet voor oppas Güntha geweest, dan had de vier maanden oude Jan Barzilaij die op zolder lag, de bommen nooit overleefd, dan zou de dochter van Cocky een kwart eeuw later nooit met hem zijn getrouwd en zou ik nooit dit verhaal hebben kunnen optekenen.

Zelfs na dat bombardement weken mijn overgrootouders, de ouders van Cocky en Jeanne, die op slechts een paar honderd meter van het getroffen gebied woonden, nog steeds niet uit naar veiliger oorden.

9

Pilotenhulp

8 maart 1944. Op een zonnige winterse namiddag vlogen een Amerikaanse piloot en zijn bemanning op zo'n tien kilometer hoogte in een formatie van B-24's richting Nederlandse grens. Ze keerden boven een besneeuwd glooiend landschap terug naar Engeland van een succesvol bombardement op Berlijn. Maar boven Osnabrück werden twee van de vier motoren van deze B-24 geraakt door de Duitse luchtmacht. De piloot wist de jagers af te schudden, maar de bommenwerper verloor vanwege de schade snel hoogte. Boven Alblasserwaard begon het vliegtuig te slingeren en realiseerde de bemanning zich dat ze Engeland niet gingen halen. Ze sprongen met een parachute uit het vliegtuig.

Terwijl de bommenwerper boven Papendrecht naar de grond scheerde, de toppen van een rij populieren versplinterde en zich rakelings langs de woning van een NSB-dokter in een weiland boorde, scheurden uit alle windhoeken de wagens van de Sicherheitsdienst al naar de plek van de crash. Eén bemanningslid was overleden voordat hij de grond raakte, de anderen werden direct op de hielen gezeten. Een van hen belandde met zijn parachute in een appelboom, wurmde zich los en wist zichzelf net voor zonsondergang in een konijnenhok onder een berg juten aardappelzakken te verschuilen.

De eenentwintigjarige piloot Jim Keeffe uit Washington vreesde dat zijn laatste uur geslagen had. De rest van de bemanning van de B-24 was binnen mum van tijd door de *Sicherheitsdienst* opgepakt, waarna er met man en macht naar het laatste bemanningslid werd gezocht.

Buiten hoorde Jim onafgebroken motoren en auto's passeren en na verloop van tijd klonk er geschreeuw vlak bij het konijnenhok. Een man knalde de deur open en stormde de schuur binnen. Jim gluurde door een spleet tussen de aardappelzakken en keek hem recht aan, maar de man zag hem niet. Hij droeg groene kleding, zwarte rijlaarzen en een pistool in zijn rechterhand. Het was iemand van de *Grüne Polizei*, wist Jim, doorgaans Duitsers of Duitsgezinde Nederlanders, en deze oogde als 'een zeer smerige, naargeestig uitziende kerel'. Terwijl de man zijn pistool in de aanslag hield, draaide hij zich een paar keer om, totdat iemand buiten naar hem schreeuwde, hij terug schreeuwde en weer vertrok.

De memoires van James H. Keeffe, oftewel Jim, die zeventig jaar later in boekvorm verschenen, bieden een schat aan informatie over zijn onderduikperiode bij Cocky en Anton gedurende de eerste helft van 1944. Het zou nog dagen duren voor hij bij de Sanders' onderdak zou vinden.

Nadat Jim weer alleen was in het konijnenhok kon hij weer ademen. Langzaam werd het er steeds donkerder. Even later hoorde hij weer iemand naderen. De deur ging open en een oudere man kwam binnen. Hij droeg een kleine lantaarn, had klompen aan, een gescheurde wollen broek en een oude versleten colbert. Amerikaanse vliegeniers werd geleerd in geval van nood nooit goedgeklede, rijke personen te benaderen, aangezien die dikwijls sympathiseerden met de Duitsers, maar liever bij een eenvoudig gekleed persoon, een priester of dominee aan te kloppen. Deze man was duidelijk niet welgesteld, dacht Jim, dus stak hij zijn hand uit en trok aan de achterkant van zijn jas. De man kreeg bijna een hartverzakking. Jim kroop onder de juten aardappelzakken vandaan en de oude man kromp ineen toen hij zich realiseerde dat de gezochte neergestorte Amerikaanse piloot waar iedereen het over had tussen zijn konijnen zat.

'Wil je me helpen?' vroeg Jim hem in het Engels. De kleine man begreep wat hij bedoelde en gebaarde terwijl hij naar zijn horloge wees: 'Terug, ik kom terug.'

Jim stond doodsangsten uit toen de man vertrok. Dit kon alle kanten op gaan, dacht hij. Een uur later ging de deur weer open en arriveerde de kleine man met een forse kerel en vier andere mannen. Iedereen staarde elkaar in dat kleine hok even met grote ogen aan, maar daarna werd er al snel geglimlacht en bleken ze hem goedgezind. Er werden handen geschud, er werd omhelsd, Jim kreeg wat klappen op de rug en een stapeltje kleding.

De Amerikaanse piloot mocht in zijn handen wrijven. De afdeling 'Pilotenhulp' binnen de dan al geoliede Landelijke Organisatie had een serie verzetsmensen opgetrommeld om Jim in veiligheid te brengen. Pilotenhulp was een halszaak voor het verzet; de goed opgeleide vliegers dienden zo snel mogelijk weer aan een bommenwerper in Engeland te worden geholpen om opnieuw de Duitsers te bestoken.

Even later sloop het voltallige gezelschap door een donker Hendrik-Ido-Ambacht naar de rivier Noord. Daar wachtte een roeiboot met een tweekoppige bemanning. Opnieuw werden er handen geschud en een van de roeiers vroeg Jim of hij wist wanneer de invasie van de geallieerden zou beginnen. '*I have no idea,*' zei Jim verontschuldigend.

Vervolgens roeiden ze met z'n drieën over een donkere rivier de nacht in richting Dordrecht. Jim zag de donkere silhouetten van dijkhuizen en boerderijen stilletjes voorbijglijden langs het water. 'Het was pikkedonker,' herinnerde hij zich, 'maar de nachthemel was kraakhelder en er waren tienduizenden sterren te zien. Overal was het donker vanwege de verduisteringsmaatregelen. Het enige geluid dat we hoorden was het zachte gorgelen van de roeispanen en het klotsen van de rivier.'

Toen Jim op een kade in Dordrecht arriveerde en via duistere binnenweggetjes en steegjes bij het eerste schuiladres aankwam, moest hij even bij zinnen komen. 'Ik bleef achter met een struise dame die een zeer luide, dreunende stem had,' vertelde Jim jaren later aan zijn zoon. 'Ik vreesde dat iedereen haar buiten Engels moest hebben horen praten. Het eerste wat ze vroeg was: "*When is the invasion?*"'

Twee dagen later kwamen er 's morgens twee jongemannen met drie fietsen naar de woning. Een van hen heette Samuel Esmeijer, maar gebruikte de alias 'Paul'. Ze waren beiden tot de tanden gewapend en hadden de opdracht Jim met gevaar voor eigen leven te beschermen. Deze Samuel Esmeijer deed veel meer dan onderduikers gewapend escorteren en was een belangrijke schakel binnen de verzetsgroep waar Cocky en Anton rond die tijd in verkeerden.

Uit archiefonderzoek bleek dat Anton in 1946 een Eisenhower Certificate Award had ontvangen uit handen van Marshal Tedder en in 1984 een Nederlands Verzetsherdenkingskruis. De bijbehorende documenten onthulden een schat aan informatie over de aard van de verzetswerkzaamheden van Anton en Cocky en over hun kameraden. In de naoorlogse jaren werden tal van onderscheidingen voor oorlogshelden in het leven geroepen en koningin Wilhelmina sprak zelfs over het verzet als 'de nieuwe adel', want de oude met de Duitsers collaborerende elite had in haar ogen afgedaan. De ballotage voor de onderscheiding viel onder toezicht van betrokkenen waarvan men met zekerheid had vastgesteld dat ze een kardinale rol hadden gespeeld in het verzet. Dus je kreeg er niet zomaar een. Postuum werden de onderscheidingen toegekend, maar bij leven diende je het kruis zelf aan te vragen. Dat vonden veel voormalige verzetsmensen ongepast. Voor veel van hen was het verzet iets vanzelfsprekends waarvoor je niet zoveel jaar na dato nog gelauwerd hoefde te worden. Ze verweten de aanvragers ijdelheid.

De aanvraag voor het Verzetsherdenkingskruis van Anton bevindt zich in het Nationaal Archief in Den Haag. Op vraag 6 van het aanvraagformulier (Hebt u behoord tot de OD-LO-KP-RVV of een andere bij de Stichting 1940-1945 bekende verzetsgroep?) vinkte Anton 'Ja' aan en schreef de afkorting 'L.O.', wat voor Landelijke Organisatie voor Hulp aan Onderduikers staat. Daarachter de toelichting: 'Persoonsbewijzen en bonkaarten tijdelijk bewaren en helpen verdelen. Jodenhulp en krantjes verspreiden.'

Daaronder vermeldde Anton ietwat cryptisch 'negen transporten van onderduikers naar schuiladressen in D.' te hebben verzorgd. Dat moet Dordrecht zijn geweest.

In de memoires van de Amerikaanse piloot valt te lezen dat de groep die het transport van onderduikers van en naar Dordrecht begeleidde dikwijls onder supervisie stond van bovengenoemde Samuel Esmeijer. In 1943 was hij de leider geworden van een knokploeg die allerlei gewapende overvallen pleegde, onder andere op het hoofdbureau van de politie aan het Haagseveer, de gevangenis aan de Noordsingel en een distributiekantoor aan het Afrikaanderplein.

Toen Cocky in de jaren zestig in de nieuwe wijk Prins Alexanderpolder ging wonen en een aantal straten de naam van een Rotterdamse verzetsstrijder hadden, zei ze tegen Monique terwijl ze over het Samuel Esmeijerplein liepen dat het plein vernoemd was naar 'een bijzonder aimabele en moedige man'.

Jim en zijn gewapende begeleiders fietsten op klaarlichte dag door de binnenstad van Dordrecht, langs het kanaal, voorbij marcherende Duitse soldaten en militaire voertuigen. Ze passeerden ongehinderd Duitse controleposten en wonder boven wonder kwamen ze na anderhalf uur fietsen ongedeerd in Rotterdam aan. Terwijl ze over de Maasbrug reden, was Jim onder de indruk van het panorama over de havenstad en de uitgestrekte meanderende rivier die noord en zuid opdeelde. Daarna fietsten ze door de kale binnenstad. Voor een piloot van een bommenwerper die zojuist delen van Berlijn had platgelegd moest het aangezicht van het gehavende Rotterdamse stadshart pijnlijk zijn geweest. Ze kwamen langs de door bommen aangetaste Diergaarde Blijdorp en kwamen aan bij een woning waar Jim een paar dagen bij een jong stel zonder kinderen verbleef dat nauwelijks Engels sprak.

Daarna werd hij naar het huis gebracht van een gezin met een man van gemiddelde leeftijd, zijn vrouw en dochtertje. Zijn naam was Jo Berlijn, verzetsnaam Jo van Keulen. Ook hij kwam voor in de aanvraag voor het Verzetsherdenkingskruis van Anton bij de vraag: 'Met wie hebt u in het verzet samengewerkt?' Als toelichting zegt Anton: 'Door Jodenhulp kwam ik via Jo Berlijn verder in het verzet. Mensen van deportatie redden door ze "ziek" te maken.'

Gedurende de dagen dat Jim bij hem zat ondergedoken vertelde Jo allerlei details over zichzelf en het verzet. Dat hij voorheen in het verzekeringswezen zat, maar nu een ambtelijke functie bekleedde en fulltime met de ondergrondse in de weer was. Dat hij Joodse persoonsbewijzen wist te 'vermaken' en samenwerkte met Kees van den Engel die, zoals gezegd, een vervalsingscentrale had opgericht. Dat ze persoonsbewijzen vervalsten, documenten, bonboeken, NS-abonnementen, stempels van arbeidsbureaus, officiële handtekeningen, noem het maar op. Daarbij had hij veel relaties bij de gemeentelijke archieven en de Burgerlijke Stand waardoor hij namens het verzet de identiteitspapieren van door de Duitsers verdachte mensen in de stadsarchieven kon vervangen voor vervalste.

Jim leerde na twee dagen via Jo de drieëntwintigjarige Kees van den Engel kennen, die vloeiend Engels sprak. Kees had in een Fokker-vliegtuigfabriek in de Waalhaven gewerkt, maar die was gebombardeerd, waardoor hij nu dag en nacht bij het verzet betrokken was. Ook hij werd in de verzetsherdenkingskruisaanvraag van Anton genoemd: 'Kees van den Engel bezorgde mij piloten.'

Wat opvalt is dat Anton daarbij het meervoud gebruikte, terwijl, voor zover bekend, Cocky en Anton maar één piloot als onderduiker in huis hadden. Even verderop schrijft hij dat hij 'piloten niet alleen hielp aan onderdak en voeding, maar ook aan kostuums'.

Anton staat vermeld op de Amerikaanse Dutch Helpers List, maar kreeg de Eisenhower Certificate Award – grade 5, deze onderscheiding werd alleen uitgereikt aan degenen die slechts één piloot onderdak hadden verleend. Vandaar ook dat door de familieleden van Cocky en Anton wordt betwijfeld of de Sanders' nog meer piloten als onderduikers in huis hadden. Dat ze naast de Amerikaanse piloot meer onderduikers huisvestten, staat onomstotelijk vast.

Kees van den Engel nam de jonge piloot vanaf die periode onder zijn hoede en tot aan Kees' dood in 2004 zouden ze goede vrienden blijven. Kees van den Engel was een zogenoemde 'duif'. Hij leidde een zwervend bestaan en verbleef om de paar weken ook een paar dagen bij Cocky en Anton. Veel verzetsmensen gingen tijdens de oorlog nooit naar huis, want daarmee brachten ze de familie in gevaar. Kees en zijn vader bedachten daar een slimme oplossing voor. Zijn vader was organist in een kerk en repeteerde een paar avonden per week, terwijl Kees dan langs de kerk liep. Als er Duitsers of Nederlandse nazi's in de kerk waren, speelde zijn vader een bepaalde hymne ter waarschuwing. Als die hymne niet klonk, ging Kees de kerk binnen. Dan keek zijn vader door een kleine spiegel die in het houtsnijwerk van het orgel was verborgen en spraken ze even kort, terwijl Kees deed alsof hij op z'n knieën zat te bidden.

Na een paar dagen werd Jim naar het huis van verzetsfotograaf Albert Broekhuizen verhuisd, aan de Oostzeedijk 130. Albert Broekhuizen was niet alleen de huwelijksfotograaf van de Sanders', maar verzorgde ook de pasfoto's voor persoonsbewijzen die hij in opdracht van de LO eigenhandig wist te vervalsen. Jim kreeg er weken later een nieuwe identiteit aangemeten.

Rond de derde week van maart werd Jim door Kees verplaatst naar het huis van Tjerk Elsinga, voormalig vakbondsleider, klant van Kleermakerij Anton Sanders, leider van Knokploeg José en verzetskopstuk binnen de LO. De 'Grote Baas', zoals hij in de volksmond ook werd genoemd, zat als een spin in het web van het Rotterdamse verzet.

De vriendenkliek van Cocky en Anton werkte samen met de

Groep José. De Sanders' en hun metgezellen bemoeiden zich grotendeels met onderduikers en het verspreiden van bonboeken, de smokkel van spullen van de zwarte markt en de verspreiding van illegale krantjes, kortom, de geweldloze tak binnen het verzet. Knokploegen zoals die van Elsinga pleegden gewapende overvallen, maakten bonboeken en persoonsbewijzen buit en gingen steeds vaker over tot het liquideren van Duitsers en landverraders. De naam van Elsinga duikt op in de brieven van Cocky en Anton en de memoires van Jim, maar ook in tal van historische naslagwerken over het verzet. Zijn Groep José werkte weer nauw samen met de knokploeg van voornoemde Samuel Esmeijer, 'LKP-Rotterdam', en later ook met de knokploeg 'Jos' van Jan Arie – Jos – de Groot. In Antons aanvraag voor het Verzetsherdenkingskruis schrijft hij dat Cocky en hij ook zelf bij deze Jos de Groot ondergedoken hebben gezeten na 5 december 1944. Niemand binnen de familie, behalve Cocky's zus Jeanne, die in 1998 overleed, was hiervan op de hoogte. Deze onthulling zorgde voor grote verbazing binnen de gelederen.

Vrijwel alle schuiladressen die de voortvluchtige Jim aandeed, waren ofwel van vrienden van Cocky en Anton, ofwel van goede kennissen. Na een paar weken in Rotterdam leerde Jim Cocky en Anton kennen tijdens een clandestiene verzetsbijeenkomst met Kees van den Engel en vrienden. Jim werd er gepresenteerd als een pronkstuk. 'Kijk eens wat we hier hebben?' zei Kees toen hij binnenkwam, 'een Amerikaanse piloot!' Om de haverklap werd Jim gevraagd: 'Wanneer is de invasie?'

Op diezelfde bijeenkomst verscheen ook Leendert Valstar midden in de nacht, een ander belangrijk verzetskopstuk dat Anton in zijn aanvraag voor een Verzetsherdenkingskruis noemt bij de vraag over met wie hij samenwerkte binnen het verzet.

Leendert Valstar opereerde onder de verzetsnaam Bertus de Vries en genoot veel aanzien binnen de groep.

'Diep in de nacht werd er op de voordeur geklopt en kwam er een man binnen,' beschrijft Jim in zijn memoires. 'Wat er toen gebeurde was interessant. Het leek alsof een elektrische lading door de kamer ging. Alle hoofden keerden zich, gesprekken stokten en een gevoel van ontzag vulde de lucht. Zijn naam was Bertus, maar dat was zijn ondergrondse naam. Hij was de leider van de LKP, de verzetsorganisatie die al het vuile werk deed: moorden, overvallen, sabotage, enzovoort. Hij reisde met drie of vier pistolen op zak. Ik was erg onder de indruk van hem. Het was een krachtige persoonlijkheid. Hij rook naar gezag.'

Cocky en Anton noemden hem in een van hun naoorlogse brieven 'Oom Bertus'. Tot aan zijn executie in 1944 stond hij aan het hoofd van de Landelijke Knokploegen, maar hij bleef ook actief als leider van zijn eigen knokploeg Westlandsche Bertus. De groep beroofde politiebureaus van wapens en pleegde aan de lopende band overvallen op kantoren waar ze persoonsadministraties vernietigden en distributiebonnen en persoonsbewijzen buitmaakten die ze in een kelder aan de Mathenesserweg, bij de vervalsingscentrale Firma Coco van Jo Berlijn en Kees van den Engel lieten vervalsen. Nadat Leendert in het verzet kwam, ging hij nooit meer terug naar huis omwille van de veiligheid van zijn familie. De Duitsers wisten dat iemand die Bertus heette het hoofd van de LKP was, maar ze kenden zijn echte naam niet. Toch kwam de Sicherheitsdienst erachter dat Bertus en Leendert Valstar dezelfde persoon waren en nam mevrouw Valstar en haar ouders gevangen en plakte een bord op de voordeur:

> Leendert Valstar, alias 'Bertus', we weten nu wie je bent. We hebben je vrouw en je schoonouders opgehaald. Over een week

> zullen we om de dag een willekeurig familielid executeren. Tenzij je je meldt. Dan zullen we je familie vrijlaten en niet lastigvallen, omdat we weten dat je niet meer thuis bent geweest sinds de oorlog.

Zijn vrouw wist een brief de gevangenis uit te smokkelen waarin zij hem aanspoorde het verzet te blijven leiden. Hij zou dagen hebben getobd, maar vervolgde met tegenzin zijn verzetsactiviteiten. Terwijl zijn familie ongedeerd in bewaring bleef, werd Leendert twee maanden later door ongelukkige omstandigheden in een park zelf ook door een agent aangehouden en meegenomen naar het hoofdbureau. Hij bleek meerdere wapens bij zich te hebben, wat al argwaan wekte, alhoewel zijn papieren in orde leken. Toch ging het helemaal mis. Tijdens een overval eerder dat jaar had Leendert verzuimd een masker te dragen en hij werd op het politiebureau herkend door een politieagent. Ineens realiseerden ze zich wat voor grote vis ze hadden gevangen en Valstar werd direct onder begeleiding van tien bewakers naar het hoofdkwartier van de Sicherheitsdienst in Rotterdam gebracht. Zijn knokploeg probeerde van alles om hem vrij te krijgen, maar tevergeefs. De Sicherheitsdienst besloot hem af te voeren naar de bunker in het concentratiekamp Vught. Daar zou hij nooit meer wegkomen.

Na de 'clandestiene bijeenkomst' waar ook Cocky en Anton aanwezig waren, ging Jim mee naar de woning van de familie Jappe-Alberts en kreeg er een slaapplaats. Het aimabele gezinshoofd tandarts Albert Jappe-Alberts hield vlak bij de familie Sanders zijn tandartsenpraktijk en was vanwege zijn uitgebreide klantenbestand grootleverancier van onderduikadressen. Ook zijn eigen huishouden werd niet ontzien. Volgens ooggetuigen en uit naoorlogse brieven bleek dat het er constant bomvol zat met onderduikers. En ook zijn naam wordt genoemd als verzetsstrijder in Antons aanvraag. Tussen zijn woning en die van Cocky en Anton vonden dikwijls uitwisselingen van onderduikers plaats. Dokter Jappe-Alberts had veel vrienden in de Joodse gemeenschap en na de Joodse meldingsplicht en de razzia's smeekte de familie Cohen – vader, moeder en een achtjarige dochter – bij de tandarts te mogen onderduiken. Daar stemde hij mee in. Kort daarop kwam een Joodse vriend die voor zijn acht kinderen vreesde naar Jappe-Alberts. De dokter bracht twee tienerdochters, Aat en Niesje, eerst bij Cocky en Anton onder, maar nadat buurtbewoners in de Breitnerstraat er hoogte van kregen, nam de tandarts ook de meisjes in huis.

Met een Amerikaanse vlieger erbij werd het vooral voor vader Cohen wat te krap en gevaarlijk. Mochten de Duitsers de piloot in het huis vinden, dan bestond het gevaar dat iedereen in het huishouden gefusilleerd zou worden, vreesde hij. De familie Cohen leefde sinds het najaar van 1942 onder de radar en was al twee jaar niet meer buiten geweest. Jim voelde zich opgelaten. De stemming in het huis werd beladen en na een tijdje werd er uitgekeken naar een ander onderduikadres voor Jim.

De Jappe-Alberts' waren geen kerkgangers en Kees van den Engel behoorde tot de Nederlands Hervormde kerk. Aangezien Jim katholiek was, koppelde het verzet hem al snel aan het katholieke echtpaar Cocky en Anton. Wekelijks spraken ze af om gezamenlijk naar de katholieke Sint-Ignatius op de Westzeedijk te lopen, vlak bij de Eendrachtsweg waar de Jappe-Alberts' woonden. De afspraak verliep elke keer volgens strikt protocol. De Sanders' belden Jim op om te laten weten dat ze hun woning aan de Breitnerstraat verlieten, een paar straten verderop. Dan liepen ze door het Museumpark en over de Westersingel, die direct tegenover de Eendrachtsweg lag. Jim keek uit het woonkamerraam van de Jappe-Alberts' en wachtte tot hij ze zag. Als hij ze de hoek zag omslaan, zwaaide Jim, rende de trap af, het gebouw uit, en sloot hij zich bij hen aan. Daarna was het een paar minuten lopen naar de kerk. 'Dit werd een fijne routine waar ik altijd erg naar uitkeek,' memoreerde Jim jaren later.

Op 18 mei, ruim een maand nadat Jim bij de familie Jappe-Alberts was gaan wonen, trok hij bij Cocky en Anton in. Hij liep al een paar weken met de Sanders' mee, kon het goed met ze vinden en hun woning bleek een verademing in vergelijking met het drukke huishouden van de tandarts. 'De ruime woning van de Sanders' was een stuk moderner en de Breitnerstraat leek een stuk kalmer dan de Eendrachtsweg.'

Jim beschreef zijn nieuwe onderduikadres met oog voor detail en keek naar zijn nieuwe verblijfplaats, de stad en haar bewoners door de ogen van een toerist. Toen hij op tachtigjarige leeftijd zijn herinneringen aan zijn zoon dicteerde, zag hij het allemaal nog glashelder voor zich, de stad tijdens de zomer van 1944, de spanning in de straten, de argwaan onder de mensen én zijn nieuwe luxe onderduikadres bij Cocky en Anton. 'Eenmaal binnen kwam ik via een binnentrap bij de vierde verdieping aan, waar ze hun slaapkamer, een badkamer, een overloop en nog een heel klein kamertje van ongeveer twee bij tweeënhalve meter hadden. De Sanders' hadden geen kinderen, dus deze kleine kamer werd mijn verblijf.'

Hij voelde zich de koning te rijk en vertelde over het uitzicht op de tennisbanen vanaf het balkon van zijn kamer en over de ijzeren brandtrap die naar het platte dak leidde. 'De ladder naar het dak was mijn ontsnappingsroute. Als de Duitsers ooit zouden komen, werd ik verondersteld het balkon op te rennen, de ijzeren ladder op te klimmen naar het dak, ongeveer driekwart van het woonblok langs de dakrand aan de binnenplaats te rennen en via een andere brandtrap naar beneden te klimmen naar het balkon van de bovenburen van Antons moeder, die op 45 woonde, om me vervolgens in haar kelder te verschansen.'

Jim beschrijft zijn nieuwe gastheer met flair. 'Anton Sanders is noch een arme, noch een gewone kleermaker, maar een meester-snijder en een welgestelde heer uit de hogere middenklasse. Het geheim van het kleermakersvak zat 'm in het snijden van de stof. Dat is iets anders dan een kleermaker die met spelden en naalden werkt, iets wat Anton nooit deed; hij sneed en hield toezicht op de uitvoering. Hij verkocht voor hoge prijzen kostuums aan rijke zakenmensen. Zelfs in 1944, vier jaar na het begin van de oorlog, zaten Cocky en Anton er warmpjes bij vanwege een bloeiende zwarte markt. Ze hadden een ruime voorraad drank en wijn. In werkelijkheid heb ik de meeste kennis over wijn opgedaan terwijl ik bij de Sanders' verbleef.'

Cocky en Anton maakten de jonge piloot wegwijs in de woning aan de Breitnerstraat en attendeerden hem op de dubieuze buren en buurtbewoners in de straat. 'Ze waarschuwden me onmiddellijk voor de Duitse officier die naast hen op 62B woonde. Voor de oorlog had op dat adres een Joodse familie gewoond, maar kort na de Duitse bezetting werd het arme gezin hun huis uit gesleept en naar concentratiekampen afgevoerd en verhuisde een Duitse SD-agent naar hun woning.'

Eduard Waisvisz ontkende echter jaren later dat ze het huis waren uitgesleept, maar juist tijdig waren weggevlucht en ondergedoken zaten in Dordrecht.

In 2014 haalde de zoon van de Amerikaanse piloot uit zijn doos met memorabilia een foto waarop Cocky en Anton en wat vrienden hoog op het balkon stonden, lachend poserend voor de fotograaf die op de tennisbaan van de binnenplaats stond. Over de reling van het aangrenzende balkon hing een Sicherheitsdienst-knickerbocker van de buurman.

Toen ik in 2016 de woning nog eens bezichtigde, vond ik het opmerkelijk hoe dicht het bed van de SD-man bij dat van de onderduiker had gestaan, slechts gescheiden door een paar centimeter baksteen. Zouden ze elkaar weleens hebben horen snurken?

Dat Cocky en Anton het aandurfden een voortvluchtige van hoge statuur te laten onderduiken in dat kamertje, pal naast dat van een nazi, was voor mij onbegrijpelijk.

Jim en Anton hadden ongeveer dezelfde kledingmaat, dus Jim kreeg al snel een chic maatpak van Anton aangemeten. Nu nog een 'nieuw' persoonsbewijs. Daarvoor ging hij met Kees naar het huis van fotograaf Albert Broekhuizen. 'Albert leidde me naar zijn kleine studio en liet me op een kruk zitten. Hij nam mijn foto en plakte die op een valse identiteitskaart die hij speciaal voor mij maakte. Mijn nieuwe naam was Andries Willem Teeuw. De kaart had een open ruimte waar gezondheidsproblemen konden worden vermeld. Albert typte "doof" en "stom". Bij beroep vulde hij "mandenwever" in. Met mijn nieuwe identiteit en het mooie maatpak van Anton werd ik plots de best geklede doofstomme mandenwever van heel Nederland!'

Het beeld dat de nazaten van de Sanders' hadden over onderduiker 'Jimmie' kon in de prullenbak. Niks geen schuilend bestaan in een bedompt achterkamertje of donkere kelder; met zijn nieuwe valse identiteit en in de keurige snit van Anton voelde de jonge Amerikaan zich onaantastbaar; hij ging steeds vaker alleen op verkenning uit. Jims actieradius nam geleidelijk aan toe en de militaire roep kreeg weer vat op hem. Hij wilde niets liever dan terug naar Engeland om zich weer in de strijd te mengen, maar dat bleek vooralsnog geen haalbare zaak. Dus speurde hij in de tussentijd bijna dagelijks naar strategische Duitse doelen die hij op zijn kamertje markeerde op een plattegrond. De vleugellamme piloot had een nieuwe missie gevonden en kwam en ging wanneer het hem uitkwam. Totdat zijn nonchalance op de proef werd gesteld en hij zichzelf, maar ook Cocky en Anton, ernstig in gevaar bracht.

'Op een dag begin juni ging ik een paar uur op pad om een ander deel van de stad te verkennen voor eventuele Duitse installaties op mijn kaart. Daarna ging ik terug naar de woning van de Sanders'. Ik liep het trottoir in de Breitnerstraat af naar de overloop die naar de buitentrap leidde. Ik was halverwege de trap toen de deur van 62B openging en de SD-officier naar buiten liep. Op sommige dagen droeg hij een legeruniform, andere dagen een marine-uniform en om de paar dagen droeg hij burgerkleding. Deze specifieke dag kwam hij de trap af in burgerkleding.'

Wat ga ik in godsnaam doen, omdraaien en rennen? Hij heeft waarschijnlijk een pistool, dacht Jim terwijl hij de trap op liep. 'De SD droeg meestal een 9 mm semiautomatisch pistool. Ik keek hem aan en hij keek dwars door mij heen terwijl we elkaar passeerden. Ik klopte op de deur van de Sanders' en werd door Cocky de woning binnengelaten.'

'O mijn god!' riep Cocky. 'Ik hoorde zijn deur opengaan en vroeg me af wat er ging gebeuren!' Toen Jim haar vertelde wat er was voorgevallen, slaakte ze een zucht van verlichting. 'O, godzijdank! Ik dacht bijna zeker dat je gepakt zou worden!'

Enkele dagen later, nadat Anton al naar de kleermakerij was vertrokken, stond Jim op de bovenste verdieping onder de douche. Plots hoorde hij Cocky de trap op rennen. 'Jimmy! Jimmy!' riep ze.

Wat is er aan de hand? De Gestapo moet hier zijn! schoot door Jims hoofd terwijl hij zich het voorval herinnerde met de SD-buurman. 'Maar nu stond ik hier poedelnaakt! Ik vloog de douche uit, pakte een handdoek en rende de badkamer uit naar de overloop boven aan de trap. Naakt en doorweekt met zeepsop over m'n hele lichaam wilde ik net naar het balkon spurten en de brandtrap op klimmen en over het dak naar het veilige huis van Antons moeder rennen, toen Cocky hijgend boven aan de trap stond. 'Nee hoor, Nee hoor – De invasie is begonnen! De invasie is begonnen!'

Cocky stond zo uitbundig te jubelen dat het eindelijk tot hem doordrong wat ze zei: *The invasion has finally started*. 'Daar stond ik dan met een handdoek om de heupen. Drijfnat en onder het sop, tegenover de vrouw des huizes die maar bleef roepen dat de invasie, waar iedereen zo vurig op hoopte, eindelijk was begonnen. Het was dinsdag 6 juni.'

1 Cocky Sanders in de hal van het huis aan de Breitnerstraat, 1952.

2 Anton Sanders en zijn broer Piet in de kleermakerij aan de Mauritsweg, 1944.

3 Plattegrond Rotterdam, ca. 1939.

❶ Breitnerstraat ❷ Mauritsweg ❸ Aelbrechtskade ❹ Coolsingel ❺ Noordblaak

4 Laden en lossen in vooroorlogs Rotterdam aan de Scheepmakershaven op enkele meters afstand van de opslag van Kleermakerij Anton Sanders, 1939.

5 Uitgaansleven aan de Coolsingel – Bioscoop Cineac, 1939.

6 Rotterdammers die zich op de vlucht voor het bombardement op het grasveld naast Museum Boijmans verzamelden, 14 mei 1940, ca. 14.00.

7 Luchtfoto van het verwoeste gebied in het centrum van Rotterdam, 1940.

8 De Laurenskerk na het bombardement, najaar 1940.

9 De Lange Torenstraat in het centrum van Rotterdam na het bombardement, 1940.

10 Vrachtwagen van Poot & Baade, volgeladen met puin, juni 1940.

11 Huwelijk Cocky en Anton. De bruidsmeisjes wachten op het verloofde paar om naar het stadhuis te rijden voor de huwelijks-inzegening. Benzine is niet meer te krijgen. Achter de Packard is nog net de gasslang te zien die aan de gastank is verbonden die op een aanhanger staat en de auto voortdrijft, 23 april 1941.

12 Cocky en Anton komen na hun inzegening als eerste de Christus Koningkerk te Hillegersberg uit, 23 april 1941. Links achter Anton staat Jeanne van Houten, de zus van Cocky.

13 De negentienjarige piloot luitenant James Keeffe in een B-24 Liberator-bommenwerper, 1942.

14 Cocky, Anton en vrienden op het balkon aan de Breitnerstraat 60B. Over de rand van het aangrenzende balkon hangt de korte broek van de Sicherheitsdienst-officier, 1943.

15 Het kamertje in het huis van de familie Sanders waar piloot Jim Keeffe in de zomer van 1944 twee maanden verbleef, 1959.

16 Kamp van de 1e Canadese divisie aan de Heemraadssingel, mei 1945.

17 Vrouw in gesprek met een Canadese militair, mei 1945.

A. A. M. SANDERS JR.
BREITNERSTRAAT 60 B
ROTTERDAM

Rotterdam, June 20th. 1945.

Dear Mrs. Keeffe.

Although unknown to you we send you word that your son Jim, captain pilote, was lodging in our house during two months, viz. from May 18th. until July 15th. 1944.

He was not hurt when he jumped out of his hit bomber and in good health he left Rotterdam for his journey to England. Since that time we did not hear about him and we are anxious to know whether he arrived safely home.

You will oblige my wife and me very much by sending soonest answer, now that correspondence is possible again.

We remain meanwhile, with compliments,
Yours sincerely.

Sanders

18 Brief die Anton vlak na de bevrijding stuurde aan de moeder van Jim Keeffe om te informeren naar zijn welzijn. Waarschijnlijk vergiste hij zich bij het opschrijven van de datum en verstuurde hij de brief op 20 mei 1945.

DAVIS MONTHAN FIELD
TUCSON, ARIZONA

June 10, 1945.

Dear Ton and Cocky,

At long last I have arrived home, and am now able to write the full particulars of my capture, internment, etc.

After I left you I was escorted to Breda, where I stayed until the 25th of July. From there we crossed the border, and were taken into Antwerp (an English flyer made the trip with me) On the night of the 27th we were taken to an apartment by the same girl who had been our guide to Antwerp. She fed us, and told us that we would leave that night for Lille, France, ~~in a closed car. Later that evening the two men who were to be~~ our escorts arrived and took us with them. We were told to be calm, etc., and not to pay any attention to any one we might pass. These men took us to a dark building about three blocks from the apartment, and showed us to a small room on about the third floor. We were told to be seated, and then they both began to laugh.

"Well boys," said one of them, "for you the war is over. You're caught. We're members of the German Secret Police -- the Gestapo, to you!:"

Never in my life have I received such a severe shock. It was impossible -- I couldn't believe them. How could they, The Gestapo, be right in the organization without someone being aware of the fact??

The greatest shock was yet to come, though, for they produced files and began telling me the names of people I had probably met in Rotterdam. Many of the names were unfamiliar to me, but sad to say, some of them were known to me. They knew that I had stayed with you, and they knew the names of the people with whom I had stayed in Breda. They had Kees's name, and one or two others, but they didn't have the Jappe- Alberts, of that I am positive. After watching our reactions, and having searched our effects, they took us to the prison (in Antwerp) where we were kept until about 50 more fellows were caught. After we reached Germany, and compared notes, we found that this one organization, and those two particular men were picking up between 200 & 300 fliers a month, in the same manner in which I myself was caught.

They had many, many names, but told us that nothing would be done about it at the time because they wanted the organizations to continue sending in as many fliers as they were able to help evade. While I was in the jail at Antwerp I did everything in my power to get word to you in Rotterdam of what was taking place. I sent out written and verbal notes by Dutch boys who were also prisoners, but who were allowed to have visitors from time to time. I hoped and prayed that word would reach you before the Germans tried to pick any of you up.

From Antwerp we were taken to Brussells and turned over to the Luftwaffe, and from that time on were treated just as any of the other boys who are picked up immediately after landing. We were sent to a Lager at Sagan, Silesia, and from there were taken

19 Fragment uit de brief van Jim Keeffe aan Cocky en Anton waarin hij vertelt wat er is gebeurd sinds zijn ontsnappingspoging vanuit zijn onderduikadres tot aan zijn terugkeer in Amerika, 10 juni 1945.

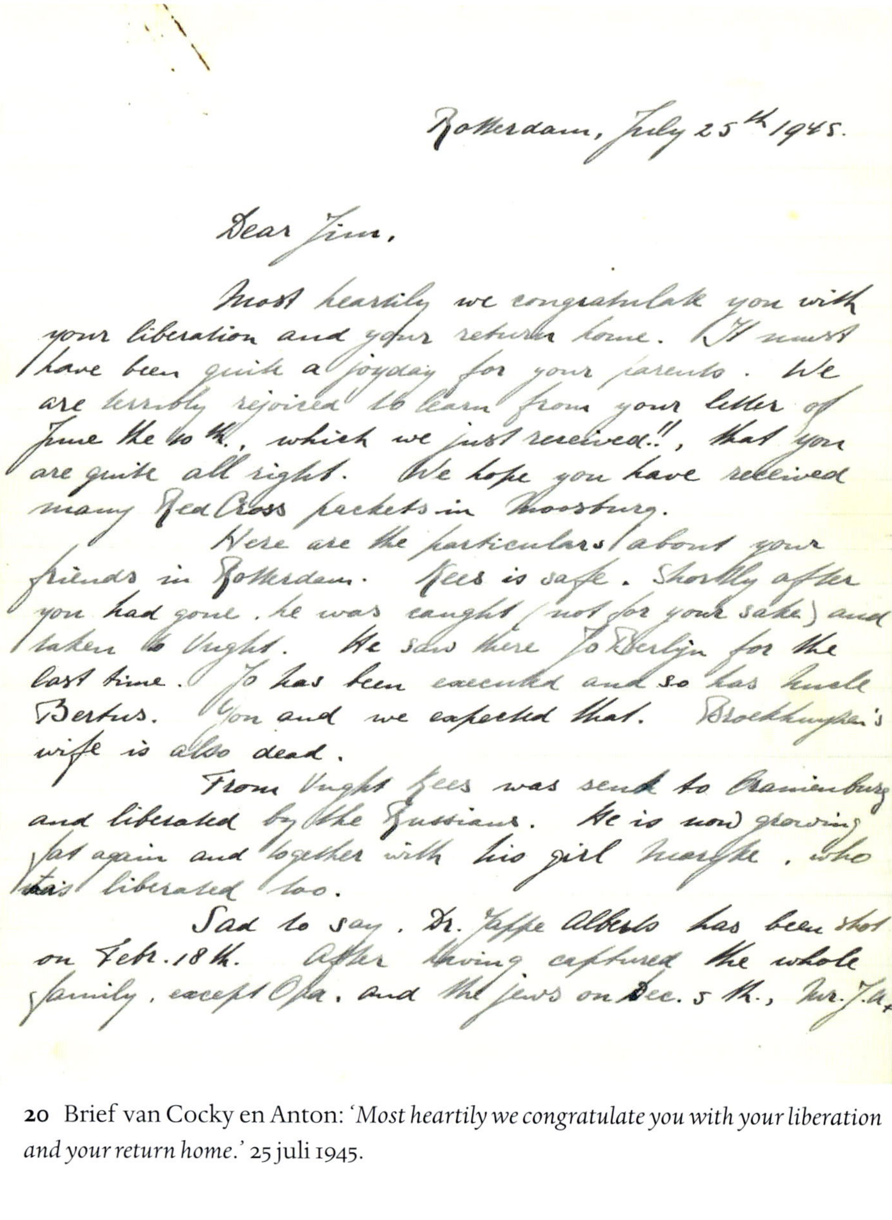

Rotterdam, July 25th 1945.

Dear Jim,

Most heartily we congratulate you with your liberation and your return home. It must have been quite a joyday for your parents. We are terribly rejoiced to learn from your letter of June the 10th., which we just received!!, that you are quite all right. We hope you have received many Red Cross packets in Moosburg.

Here are the particulars about your friends in Rotterdam. Kees is safe. Shortly after you had gone, he was caught (not for your sake) and taken to Vught. He saw there Jo Verlyn for the last time. Jo has been executed and so has Uncle Bertus. You and we expected that. Broekhuysen's wife is also dead.

From Vught Kees was send to Oranienburg and liberated by the Russians. He is now growing fat again and together with his girl Maartje, who was liberated too.

Sad to say, Dr. Jappe Alberts has been shot on Febr. 18th. After having captured the whole family, except Opa, and the jews on Dec. 5th., Mr. J.A.

20 Brief van Cocky en Anton: '*Most heartily we congratulate you with your liberation and your return home.*' 25 juli 1945.

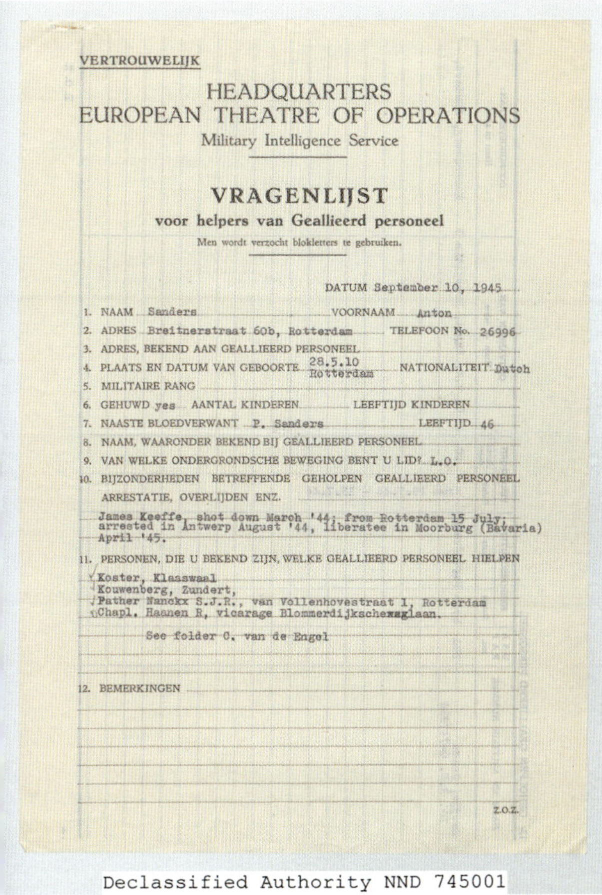

VERTROUWELIJK

HEADQUARTERS
EUROPEAN THEATRE OF OPERATIONS
Military Intelligence Service

VRAGENLIJST
voor helpers van Geallieerd personeel
Men wordt verzocht blokletters te gebruiken.

DATUM September 10, 1945

1. NAAM Sanders VOORNAAM Anton
2. ADRES Breitnerstraat 60b, Rotterdam TELEFOON No. 26996
3. ADRES, BEKEND AAN GEALLIEERD PERSONEEL
4. PLAATS EN DATUM VAN GEBOORTE 28.5.10 Rotterdam NATIONALITEIT Dutch
5. MILITAIRE RANG
6. GEHUWD yes AANTAL KINDEREN LEEFTIJD KINDEREN
7. NAASTE BLOEDVERWANT P. Sanders LEEFTIJD 46
8. NAAM, WAARONDER BEKEND BIJ GEALLIEERD PERSONEEL
9. VAN WELKE ONDERGRONDSCHE BEWEGING BENT U LID? L.O.
10. BIJZONDERHEDEN BETREFFENDE GEHOLPEN GEALLIEERD PERSONEEL ARRESTATIE, OVERLIJDEN ENZ.

James Keeffe, shot down March '44; from Rotterdam 15 July; arrested in Antwerp August '44, liberatee in Moorburg (Bavaria) April '45.

11. PERSONEN, DIE U BEKEND ZIJN, WELKE GEALLIEERD PERSONEEL HIELPEN

Koster, Klaaswaal
Kouwenberg, Zundert,
Father Nanckx S.J.R., van Vollenhovestraat 1, Rotterdam
Chapl. Haanen R, vicarage Blommerdijkschewaglaan.

See folder C. van de Engel

12. BEMERKINGEN

Z.O.Z.

Declassified Authority NND 745001

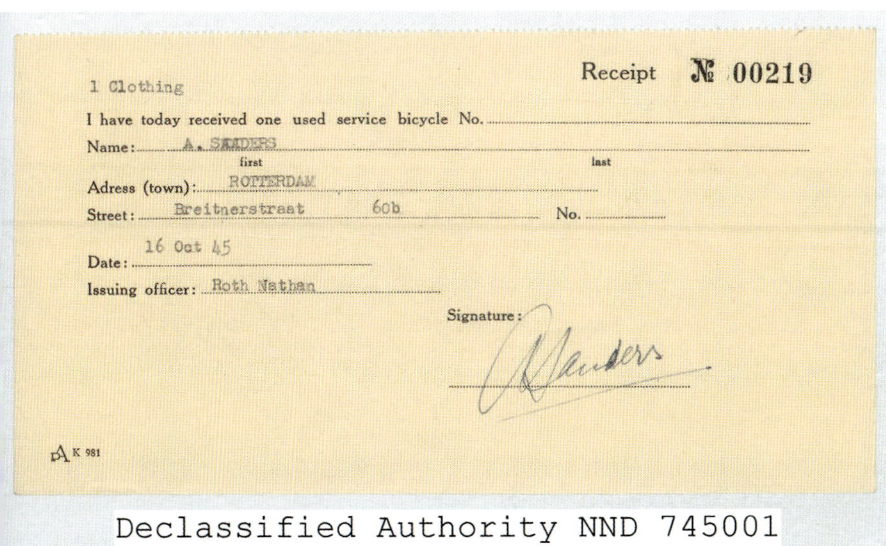

Receipt № 00219

1 Clothing

I have today received one used service bicycle No.

Name: A. SANDERS
first last

Adress (town): ROTTERDAM

Street: Breitnerstraat 60b No.

Date: 16 Oct 45

Issuing officer: Roth Nathan

Signature: A Sanders

A K 981

Declassified Authority NND 745001

21 & 22 Documenten uit het dossier dat hoort bij de toekenning van de Eisenhower Certificate Award aan Anton in 1946.

23 Cocky en Anton in het Kralingse Bos, 1952.

24 Cocky, Monique en Anton Sanders aan het strand van Scheveningen, 1948.

25 De familie Sanders onderneemt met Jim een trip langs de plekken waar hij in de oorlog was geweest. Jim fotografeert de familie op de plek waar zijn bommenwerper in 1944 neerstortte. Vrouwgelenweg, Hendrik-Ido-Ambacht, 1959.

26 Jim Keeffe op bezoek bij de familie Sanders. Vlnr: Cocky, Monique, Jim en Paul. De foto werd genomen door Anton, 1959.

27 Cocky met kleinzoon Michael Barzilaij, 1970.

10

Ondergrondse

D-day veranderde alles aan de dagelijkse gang van zaken in Rotterdam. De Duitse bezetter voelde de dreiging van de geallieerden toenemen en voerde de druk op. De Hollanders waanden zich gesterkt door de oprukkende geallieerden en zetten nu alles op alles om de nationaalsocialistische repressie van de oosterburen te dwarsbomen. Alhoewel Cocky, Anton en alle andere Rotterdammers vanaf die 6 juni 1944 verwachtten ieder moment de Amerikaanse en Canadese tanks over de Maasbruggen te zien rollen, zou het nog bijna een jaar duren voordat die daadwerkelijk arriveerden. Ondertussen stond de Amerikaanse piloot te trappelen om door de linies te ontsnappen en zich opnieuw aan te sluiten bij zijn bommeneskader in Engeland. Op een avond in juni bezocht Kees hem bij de familie Sanders met de boodschap dat hij op hoog niveau contact had gelegd met een afdeling binnen de Britse inlichtingendienst en dat Jim de volgende dag vanuit België mee kon vliegen naar Engeland. 's Morgens zou Marijke, een koerierster voor het verzet en vriendin van Cocky, hem om tien uur ophalen en per trein met hem naar België reizen.

'De volgende ochtend nam ik afscheid van Cocky en Anton, Kees, de familie Jappe-Alberts en de familie Cohen. Maar om tien over tien was Marijke er nog niet. Cocky en Anton begonnen onrustig te worden. Nederlanders zijn nogal punctueel en als iets niet volgens plan verloopt, worden ze direct nerveus.'

Kwart over tien ging de telefoon. Anton sprong op, greep de hoorn, luisterde een paar seconden, draaide zich onmiddellijk naar Jim om en riep gealarmeerd: 'Jimmy, ga nu naar je andere schuiladres. Ga snel! Marijke is opgepakt!'

Dat liet Jim zich geen twee keer zeggen. Hij nam onmiddellijk de tram naar het huis van de familie Sissingh aan de Bergse Plas waar hij wachtte tot alles bekoelde.

De oudste zoon van deze familie, Boy Sissingh, was net als zijn compagnon Piet de Beer (Witte Piet), een jeugdvriend van Anton uit Hillegersberg. Beide mannen waren bij de Landelijke Knokploegen – LKP – terechtgekomen. Wanneer er van hogerhand een verrader omgelegd moest worden, knapte Boy of Piet het vuile werk op. Daarnaast pleegden ze overvallen op stadhuizen, kantoren en banken en bliezen waar nodig panden en auto's op. Witte Piet behoorde in 1944 tot de Special Operations Executive die zijn missies rechtstreeks van het Britse ministerie van Defensie kreeg en hij reisde meerdere keren door de vuurlinies. De woning van Witte Piet en het ouderlijke huis van Boy Sissingh in Hillegersberg, vlak bij het voormalige huis van de Sanders', waren bolwerken voor onderduikers.

Niemand had toen nog enig idee wat er met Marijke was gebeurd. 'Ik kreeg een paar dagen later een telefoontje van Kees, waarop ik terugkeerde naar het huis van Cocky en Anton waar ik vreselijk nieuws te horen kreeg,' vertelde Jim in zijn memoires. Voordat Marijke hem die ochtend om tien uur zou ophalen, diende ze nog een paar spullen af te leveren voor het verzet en haar laatste bezorging was bij het huis van Albert Broekhuizen.

De Sicherheitsdienst had Albert al een tijd in het vizier en hield vanuit een auto aan de overkant van de straat zijn huis in de gaten. Marijke stopte bij het adres van Broekhuizen en de SD-mannen zagen haar het huis binnengaan met een koffer. Dat was voor hen voldoende aanleiding om tot actie over te gaan. Ze sprongen uit hun auto, renden de straat over en stormden het huis binnen. Albert Broekhuizen was er niet, maar de officieren namen zijn vrouw en Marijke mee. Marijke werd direct naar het concentratiekamp Groß-Rosen in Polen gestuurd en aan het werk gezet om radiobuizen te maken. Een paar maanden later werd ze naar kamp Ravensbrück getransporteerd, het beruchte concentratiekamp voor vrouwen. Daar kwam ze de ernstig vermagerde Cornelia Broekhuizen tegen, de vrouw van Albert die, zo bleek, niet lang meer te leven had.

De ontsnappingspoging van Jim moest worden uitgesteld.

Met de verhuizing van Hillegersberg naar de Breitnerstraat hadden de Sanders' ook de Christus Koningkerk voor de Sint-Ignatiuskerk aan de Westzeedijk verruild. Daar werden ze vaste kerkgangers en kwamen ze op goede voet te staan met pater Hanckx en kapelaan Haanen. Deze twee geestelijken groeiden geleidelijk uit tot centrale figuren binnen het smokkelnetwerk van de zwarte markt en grossierden, zoals eerder gezegd, in onderduikadressen en ontsnappingsroutes. Na een van de zondagse kerkdiensten stelden Cocky en Anton Jim voor aan pater Hanckx. Jim kon het goed met hem vinden en voerde veel lange onderhoudende gesprekken met hem tijdens zijn onderduikperiode bij de familie Sanders. Ze ondernamen regelmatig trips door de stad. Tijdens een van de tramritjes reed ook kapelaan Haanen mee. Hij was halverwege de dertig en 'zelfs in zijn priesterlijke gewaad zag hij er erg atletisch en krachtig uit', aldus Jim. Een van de vooroorlogse taken van de kapelaan, die ook actief was in het verzet, was prediken voor zeelui aan boord van schepen die voor anker lagen in de Maas. In de memoires van Jim valt te lezen hoe hij en pater Hanckx naar het huis fietsen van een grote smokkelaar in het westen van Rotterdam. 'Beneden in de kelder was de smokkeloperatie in volle gang en kapelaan Haanen was daar ook aanwezig. De kelder stond vol dozen en vaten met zwartemarktgoederen: eieren, vlees, zakken koffie, flessen olie, sterkedrank, sigaretten, aardappelen, rogge, rijst.'

Rijkscommissaris Seyss-Inquart sprak die dagen zijn afkeer uit over de zwarte markt en bracht een enorm leger van controleurs, rijkswachters en *Feldgendarmen* op de been. De ene razzia volgde op de andere. Straten en wijken werden afgegrendeld, woningen, cafés, winkels en restaurants ondersteboven gekeerd. Smokkelwaar werd op onmogelijke plaatsen gevonden, op zolders, in kelders, in bunkers, in biljarttafels, onder vloerpanelen.

Zowel de pater als de kapelaan was nauw betrokken bij de zogenaamde 'Beurs', de clandestiene landelijke vergaderingen die vanaf 1943 op wisselende locaties plaatsvonden. Maar daar kreeg de Duitse bezetter lucht van. In de herfst van 1943 vielen de Duitsers een 'Beurs'-vergadering binnen in Noord-Holland en kregen daardoor een goed beeld van de activiteiten van het verzet. De gevreesde hoogste Duitse politiechef in Nederland, SS-officier Hanns Albin Rauter, voerde meteen een nieuw systeem in: een Tweede Distributiestamkaart met een bijbehorend controlezegel. Wie geen stempel of zegel in zijn distributiestamkaart had, kreeg geen voedselbonnen meer. Daardoor zag de LO zich vanaf dat moment genoodzaakt distributiekantoren, waar stamkaarten, bonboeken en controlezegels opgeslagen lagen, te beroven. Daarbij schakelden ze de hulp in van de gewapende verzetscollega's, de Landelijke Knokploegen. Vanaf die tijd kregen fietskoeriersters als Cocky steeds vaker klusjes.

Het karakter van het verzet nam geleidelijk steeds grimmiger vormen aan. Tegen de laatste maanden van de oorlog zouden sommige knokploegen zich steeds meer als loslopend wild gedragen en vaker in actie komen voor eigen gewin dan voor de nobele zaak. Dat er een grijs gebied ontstond tussen 'fout' en 'goed' moet ook Cocky steeds vaker ter ore zijn gekomen. Eind 1944 zou een van de Rotterdamse verzetsmensen waarvan ook Cocky en Anton gehoord moeten hebben, Cornelis – Kees – Bitter, tientallen verzetsmensen verlinken waardoor de voornoemde koerierster Marijke Zwagerman en de vrouw van Albert Broekhuizen door de Sicherheitsdienst werden opgepakt. Ook binnen het verzet moesten Cocky en Anton steeds meer op hun hoede zijn.

De LO beschikte over een netwerk van ambtenaren die persoonsbewijzen, stempels en zegels achteroverdrukten. Jo Berlijn speelde hierbij een belangrijke rol. De administratieve chaos die daardoor ontstond, dreef de Duitsers tot waanzin; de Jodenjacht en *Arbeitseinsatz* werden steeds lastiger uit te voeren. Daarop kondigde Hitler een besluit af dat 'terroristen en saboteurs' niet langer berecht werden, maar standrechtelijk geëxecuteerd. Vanaf dat moment werd het kat-en-muisspel tussen bezetter en verzet op het scherpst van de snede gespeeld: eenmaal gepakt, ging je kop eraf.

Toen Jim bij Cocky en Anton ondergedoken zat, kwam het in Rotterdam steeds vaker tot uitbarstingen van geweld. De knokploegen gingen rücksichtslos tekeer, de bezetter reageerde genadeloos; wraakmoorden, represailles, martelingen en terreur vonden over en weer plaats. In 1944 waren er zo'n vijfentwintigduizend illegale werkers actief in verzetsorganisaties en circa zestigduizend betrokken bij de Binnenlandse Strijdkrachten, die voortaan onder supervisie vielen van prins Bernhard die in Londen zat. Het merendeel hield zich bezig met het onderbrengen en verzorgen van onderduikers. Een onderduikadres werd voor veel mensen een eerste levensbehoefte. Naast Polen was in Europa nergens het verzet zo omvangrijk als onder de Nederlanders. Gedurende de Tweede Wereldoorlog zaten er op een bevolking van negen miljoen mensen zo'n 350.000 ondergedoken, waarvan 25.000 Joden. De rest bestond uit voortvluchtige familieleden, gedeserteerde soldaten, neergestorte piloten en verdachte of 'zwervende' verzetsmensen.

Alledaagse besognes konden al doodsangsten opleveren. Toen Jim naar de kapper moest en Kees van den Engel hem naar de kapsalon van de broer van Jo Berlijn bracht – Berlijn's Haar Kapperij – op twee minuten loopafstand van de Breitnerstraat, kroop Jim door het oog van de naald. Meneer Berlijn was al op de hoogte gebracht dat een doofstomme mandenwever langs zou komen voor een knipbeurt, maar kon niet voorkomen dat op dat tijdstip ook de Duitse clientèle goed vertegenwoordigd was. 'Ik zag meteen dat twee van de drie van de mensen in de kappersstoelen Duitse militaire officieren waren,' vertelde Jim in zijn memoires. 'Hun petten hingen aan de kapstok en de officieren waren nog niet bedekt met een kapperslaken.'

Kees legde de kapper uitvoerig uit dat Jim doofstom was en meneer Berlijn gebaarde Jim om in de middelste kappersstoel te gaan zitten, die nog warm was van een Duitse officier die net klaar was. Aldus werd de dandyeske doofstomme 'mandenwever' Andries Willem Teeuw ineens geflankeerd door twee Duitse officieren die ook geknipt en geschoren werden. Nooit zou een knipbeurt zo lang duren als in dat half uur. Eenmaal weer buiten voelde Jim zich als herboren.

Nu hij er tiptop uitzag, keurig in driedelig maatpak gestoken, en een geschikt persoonsbewijs op zak had, ging Jim steeds vaker op pad en begaf hij zich bijna dagelijks verder van het huis van Cocky en Anton.

In zijn memoires verwondert de Amerikaanse onderduiker zich over van alles in de bezette Maasstad. Over het repressieve Duitse regime in Rotterdam tijdens de zomer van 1944, de felle weerstand van het verzet, maar ook over iets alledaags als de enorme bakstenen muren die de Duitsers tussen veel van de gebouwen hadden geplaatst. 'De eerste keer dat ik met de Sanders' naar de Sint-Ignatiuskerk liep, zag ik dat een van deze bakstenen muren tussen hun kerk en een gebouw aan de overkant was gebouwd en deze muur strekte zich over de lengte van de Westzeedijk uit.' Deze muren waren volgens Jim ongeveer vier meter hoog en aan de voet anderhalve meter dik met bovenop in het cement glasscherven en gebroken flessen.

'Het in kaart brengen van Duitse strategische installaties, wegversperringen en muren in Rotterdam werd mijn dagtaak. Eenmaal terug in Engeland zou zo'n plattegrond tactisch van groot belang kunnen zijn.'

Steeds vaker ging hij met een van Cocky's fietsen of per tram naar verschillende delen van de stad om de Duitsers te bespieden. Als hij 's avonds terugkwam verwerkte hij zijn bevindingen in de plattegrond. Hij was er weken mee in de weer. 'Uiteindelijk heb ik drie concentrische ringen van bakstenen muren, troepenbarakken en enkele luchtafweertorens in kaart gebracht die de Duitsers in stadsparken hadden opgetrokken. De Rotterdammers haatten deze muren hartstochtelijk, want deze muren belemmerden hun bewegingsvrijheid omdat er bij ieder van dit soort punten Duitse soldaten stonden die willekeurig naar het

Ausweis konden vragen. Een van de eerste dingen die de Rotterdammers deden nadat ze waren bevrijd, was die muren allemaal neerhalen.'

Op een andere zonnige zomerdag liep Jim richting de woning van Sanders en op het moment dat hij links afsloeg bij het Museumpark, was hij getuige van een voorval waarbij hij zich maar net wist te beheersen. Hij zag twee Nederlandse mannen van de Weerbaarheidsafdeling, de geüniformeerde ordedienst en knokploeg van de NSB, lachend met pistolen zwaaiend een oude vrouw lastigvallen. De twee mannen gooiden haar eten en andere spullen op straat en trapten de spaken van haar fiets eruit. De oude vrouw schreeuwde en worstelde met hen, terwijl omstanders niets deden. Jim wilde zich er, ongeacht de gevolgen, net mee bemoeien toen hij twee Duitse soldaten in uniform aan zag komen. Die zagen wat er aan de hand was, haalden hun geweren van de schouders en riepen '*Hände hoch!*' tegen de NSB'ers. De Duitse soldaten ontfermden zich over de radeloze oude vrouw, die onverminderd doorjammerde, en hielpen haar met haar fiets en etenswaren. Ze bevalen de twee NSB-mannen zich uit de voeten te maken en scholden hun de huid vol om wat ze de arme vrouw hadden aangedaan. Volgens Jim was 'Duits de beste taal ter wereld om iemand uit te foeteren. Dit waren nu eens twee fatsoenlijke Duitse soldaten.'

Een paar dagen later ontmoette Jim in het kleermakersbedrijf van Anton Eduard Hoogeweegen. 'Hij was een vrijgezel van middelbare leeftijd, ongeveer vijftig jaar, en een zeer vermogend man. Anton was goed bevriend met hem en noemde hem "de jeneverman".' Deze Eduard Hoogeweegen bleek niet alleen puissant rijk, maar was ook een zeer invloedrijk verzetsman. Hij trad in het najaar van 1943 toe tot de Raad van Verzet (RVV), een landelijke illegale organisatie die de verzetsgroepen overkoepelde. Officieel zetelde de Raad eerst in Amsterdam en werd er vergaderd in Laren, maar nadat Hoogeweegen zich bij de RVV voegde, werd het operatiecentrum in zijn villa in Maarn gevestigd. Vanaf toen 'dook' Eduard onder in zijn riante woning op het Noordereiland in het hart van Rotterdam. Rond die tijd was hij ook betrokken bij de totstandkoming van de geheime Radiodienst Rotterdam. Rotterdam zou weleens een cruciale rol kunnen gaan spelen wanneer de geallieerden zouden arriveren, zo werd algemeen aangenomen en Radiodienst Rotterdam moest daarbij een belangrijke rol spelen door contact met Londen te leggen.

Dat leverde dikwijls problemen op. De radiotelegrafisten moesten tijdens het uitpeilen en verzenden van hun berichten enorm op hun hoede zijn, want de *Funkmesstruppe* en *Abwehr* luisterden mee. Om een behoorlijke correspondentie te bewerkstelligen waren ze vaak langer bezig dan gewenst, waardoor het uitpeilen van een radioverbinding soms dramatisch afliep. Zo ook bij de twintigjarige Folkert Elsinga, de zoon van de eerdergenoemde voormalige vakbondsleider Tjerk Elsinga, bij wie Jim nog een week zat ondergedoken voordat hij bij de familie Sanders terechtkwam. Elsinga's zoon Folkert werd in 1944 gepakt bij het uitpeilen en even later gefusilleerd (een halve eeuw later kreeg een straat vlak bij het Samuel Esmeijerplein de naam Folkert Elsingastraat).

Eduard Hoogeweegen nodigde Jim uit om naar zijn woning te komen. Hij was de eigenaar van de tweehonderd jaar oude Hulstkamp-jeneverfabriek op het Noordereiland. Het smalle eiland in de Maas was alleen met een kleine passagiersveerboot te bereiken. Jim vertrok bij de Sanders' op de fiets. 'Cocky bewoog zich vrijwel constant per fiets door de stad en had nog goede fietsen met rubberen banden. Dat was uiterst zeldzaam. Tegen deze tijd van de oorlog waren de meeste Nederlandse banden versleten. Wanneer de rubberen banden kapot waren, werden die vervangen door houten banden die op de velgen werden geschroefd. Deze houten banden maakten een verschrikkelijk kabaal op de geplaveide wegen.' Maar op Cocky's fiets reed hij geruisloos door de stad.

Jim stapte in de namiddag met de fiets de veerpont op en eenmaal op het eiland, ging hij niet direct het gebouw in van Hoogeweegen. 'Ik fietste drie keer rond het blok waar de Hulstkamp-distilleerderij zich bevond. Meneer Hoogeweegen keek dan uit het openstaande raam naar mij uit. Hij wist hoe laat de veerboot aanmeerde en keek of ik niet werd gevolgd. Als hij het open raam dichttrok, was dat het signaal voor mij dat het oké was om naar binnen te gaan.'

Eenmaal binnen keek Jim zijn ogen uit. Hoogeweegen zat er als een vorst bij. Hij beschikte over een luxe woning, veel drank, voedsel en meerdere bedienden, hij moet welhaast nauw bij de handel op de zwarte markt betrokken zijn, dacht Jim, maar vroeg er verder niet naar. In de daaropvolgende weken bezocht hij Hoogeweegen meerdere keren en bij iedere gelegenheid zorgde hij ervoor om op tijd te vertrekken om vóór de avondklok terug te zijn bij de Sanders'. Op een keer ging het na een avondje pimpelen bijna mis. 'Ik moest opschieten omdat de laatste veerboot om 21:40 uur vertrok. "Je blijft hier vannacht," zei Eduard stellig toen ik hem vertelde te moeten vertrekken. "Je bent veel te aangeschoten om nog terug te gaan."'

Maar Jim antwoordde dat hij moest gaan: '"Ik heb Cocky beloofd dat ik vanavond op tijd thuis zou zijn."'

Dus reed hij terwijl het al donker was met de fiets naar de veerboot, stapte met nog wat mensen aan boord en na een korte tocht over de donkere rivier, zag hij boven aan de dijk onder een zwakke straatlamp een Nederlandse politieman in zijn blauwe uniform staan. 'Ik schrok me kapot. Ik zou de eerste zijn die van de veerboot afkwam, maar na het zien van de politieman stelde ik me wat verdekter op. De andere mensen stapten uit en gingen de helling op. Het was stil, met alleen het geluid van water dat tegen de kade aan klotste. Boven kon ik de politieman horen praten. Ik probeerde onder de schaduw langs de helling te glippen, maar hij hield me nauwlettend in de gaten. "Hier komen. Persoonsbewijs alsjeblieft," zei hij ferm. Ik pakte mijn identiteitskaart en gaf het aan hem. Hij keek naar mij en keek toen terug naar de foto. Hij keek me weer aan, en toen keek hij naar mijn gepoetste schoenen, mijn mooie maatpak, keurige stropdas en gesteven overhemd. Vervolgens keek hij naar de fietsbanden. Verdomme, dacht ik. Wat gaat hij doen? Net als in het konijnenhok in Papendrecht realiseerde ik me dat dit twee kanten kon opgaan. Hij draaide zich om en keek links over zijn schouder. Toen rechts over zijn andere schouder en na een kort moment van overpeinzingen, vouwde de politieagent mijn persoonsbewijs snel dicht, gaf het terug en zei "Ga nu weg. Loop door." Toen draaide hij zich om, vouwde zijn handen achter zijn rug en slenterde fluitend de nacht in. Ik had heel veel geluk. Ik was een goede agent tegengekomen. Cocky was woest dat ik pas zo laat thuiskwam.'

Een paar dagen later kwam Kees van den Engel Jim bij de Sanders' ophalen en zei dat hij een verrassing in petto had. Ze kwamen aan bij de Graaf Florisstraat 105. Een man die J.J. van Dongen heette, deed open en eenmaal binnen zag Jim twee goedgeklede mannen in de woonkamer zitten. Het waren Amerikaanse vliegers die net als hij in het pak gestoken waren door Anton. Hun B-17-bommenwerper was op 22 december 1943 neergehaald en Van Dongen en een paar verzetskameraden hadden hen sindsdien laten onderduiken. Het is goed mogelijk dat dit de andere piloten zijn geweest waaraan Anton refereert in zijn aanvraag voor het Verzetsherdenkingskruis.

De Amerikaanse lotgenoten schudden elkaar de hand en praatten urenlang over hun ervaringen. Jim bezocht de welgestelde Van Dongen en zijn gesoigneerde onderduikers meerdere malen en ze maakten daarbij heel wat flessen rode wijn soldaat. Maar in tegenstelling tot Jim verlieten deze vliegeniers nooit hun onderduikadres.

Bij een ander bezoek aan Van Dongen en zijn onderduikers ontmoette Jim ook ene De Groot (niet te verwarren met Jos de Groot bij wie Cocky en Anton later zullen onderduiken). Een paar dagen later, nadat Jim de woning van de familie Sanders had verlaten, had hij het gevoel gevolgd te worden. Daarop nam hij constant een andere weg en sloeg hij weer een andere hoek om, maar telkens als hij omkeek zag hij dezelfde man weer opduiken. 'Hij kwam me vaag bekend voor en uiteindelijk besefte ik dat ik hem een keer kort bij Van Dongen had ontmoet. Zijn naam was De Groot. Om er zeker van te zijn dat hij mij volgde, liep ik een nogal ingewikkelde route en ja hoor, hij volgde mij.' Daarop onstak Jim in woede en besloot hij De Groot te confronteren. 'Ik greep hem bij de kraag en trok zijn gezicht dicht bij het mijne. "Als ik je mij nog één seconde zie volgen, sla ik al je tanden eruit." Hij stond daar met een verbouwereerde blik op zijn gezicht. Toen ik zijn kraag losliet, knikte hij met zijn hoofd en vervolgde zonder een woord te zeggen zijn weg. Wat moest die man van mij? Als het een vriend van Van Dongen was, waarom achtervolgde hij mij dan?' Jim vermoedde met een verrader te maken te hebben en lichtte Anton en Van Dongen erover in. Over deze De Groot is verder weinig bronnenmateriaal te vinden, maar Anton vroeg Jim na de bevrijding in een brief: 'Heb je enig idee wie ons heeft verraden? De Groot, die je hebt ontmoet bij van Dongen thuis, is al door onze jongens neergeschoten; hij was een verrader.'

Dat 'onze jongens', waaraan Anton refereerde, en het feit dat zij De Groot hadden neergeschoten, maakt eens te meer duidelijk dat de Sanders' nauw samenwerkten met de gewapende tak van het verzet.

Een paar dagen later kwam Kees van den Engel bij Cocky en Anton langs. Hij was erg overstuur en vertelde dat Jo Berlijn de dag ervoor door de SD was gearresteerd en dat niemand wist waar hij heen was gebracht. Cocky en Anton en de hele groep om hen heen waren er kapot van. 'Jo was niet alleen een bijzonder aardige en warmhartige familieman,' schreef Jim in zijn memoires, 'maar hij was ook van vitaal belang voor de ondergrondse.'

De politie en de SD lieten geen woord los over de verblijfplaats van Jo. Dit had te maken met een nieuw decreet van Hitler: *Nacht und Nebel*, oftewel 'Nacht en mist'. Opgepakte verzetsdelinquenten zouden vanaf dan spoorloos verdwijnen, de nabestaanden in een wolk van onzekerheid achterlatend. *Reichsführer* Himmler had nog maar kort daarvoor de volgende instructies aan de Gestapo doorgegeven:

'Na langdurige overweging is het de wil van de *Führer* dat de maatregelen die worden genomen tegen degenen die zich schuldig maken aan overtredingen van het *Reich* of tegen de bezettingsmacht in bezette gebieden, moeten worden gewijzigd. De Führer is van mening dat in dergelijke gevallen strafdienstplicht of zelfs een zware arbeidsstraf voor het leven zal worden beschouwd als een teken van zwakte. Een effectief en duurzaam afschrikmiddel kan alleen worden bereikt door de doodstraf en door maatregelen te nemen die het gezin onzeker laten over het lot van de dader.'

Nacht und Nebel was bijzonder efficiënt. Pas na de oorlog werd bekend wat er in die zomer van 1944 was gebeurd met Jo. In naoorlogse brieven legde Jo's vrouw Lena het allemaal aan Jim uit.

Jo was te grazen genomen door de SD, werd maanden in de gevangenis van Scheveningen vastgehouden en aan het eind van de zomer naar de ondervragings- en folteringsfaciliteit in het concentratiekamp Vught overgebracht. Daar werd hij gruwelijk gemarteld en vervolgens gefusilleerd op 30 augustus. Maar zijn vrouw Lena bleef tot na de oorlog in onzekerheid over zijn lot, totdat ze in Rotterdam de oude celgenoot van Jo tegenkwam die kamp Vught wel had overleefd.

'Het spijt me ontzettend wat er met je man is gebeurd,' zei hij tegen Lena.

'Wat is er dan met Jo gebeurd?' vroeg ze. 'Wat bedoelt u? Ik weet niets. Vertel me alstublieft wat u weet!'

Vervolgens vertelde hij over Jo's verschrikkelijke lot en vroeg: 'Hebt u zijn brief nooit gekregen?'

Lena stond perplex. 'Welke brief? Ik weet niets over een brief.'

Vervolgens vertelde hij haar over de brief die Jo haar een dag voor zijn executie had geschreven, en die hij tussen de afvoerpijpen in zijn cel had verstopt. Daarop besloten ze direct naar de Canadese militaire autoriteiten in Vught te gaan en ze vonden de brief achter een vertimmerd muurtje alsnog. Lena liet haar tranen de vrije loop terwijl ze de woorden las.

Mijn lieve vrouw,

Wanneer je deze brief ontvangt, heeft God me in de hemel tot zich genomen. Waarschijnlijk ben je je al bewust van dit feit, maar ik dacht dat een brief van mij van grote waarde voor je zou zijn. De Heer heeft me in deze gevangenis geleerd om Hem lief te hebben en mijn vijanden te vergeven. Ik vraag je hetzelfde te doen. Vraag Elsje ook de Heer spoedig te zoeken. Het is zo mooi om te weten dat Hij zich over ons ontfermt. God zal voor jullie zorgen. Vraag Koos, Leen en David om jullie te helpen. Het geld dat ik nog overhad kunnen jullie gebruiken. Zeg vaarwel aan papa, mam en de jongens en ook aan jouw moeder en de jongens. Vrede komt snel. Ik hoop dat dit de laatste oorlog is in jullie leven. Schat, huil niet, onthoud dat God verlichting geeft en mij Zijn kind heeft gemaakt. Dag lieverd, een omhelzing voor jou en Elsje. Elke dag kuste ik jullie in mijn gedachten. Dus tot ziens en tot we elkaar weer in de hemel ontmoeten. Mijn plicht is vervuld. Drie hoeraatjes voor Holland.

Dag Lena, dag Elsje, een stevige kus en een knuffel.

Jo

11
Vluchtroute

Halverwege juli 1944 diende zich een nieuwe ontsnappingsmogelijkheid voor Jim aan. Kapelaan Haanen kende een organisatie in Breda die vliegers via België naar het deels bevrijde Frankrijk wist te smokkelen. Als Jim eenmaal de Belgische grens over was, zou hij zich op een boerderij moeten verstoppen en wachten totdat de geallieerde legers langskwamen.

Kapelaan Haanen kwam naar het huis van de familie Sanders en vertelde dat alles geregeld was om Jim uit bezet Nederland te laten vluchten. 'Maar,' zei de kapelaan, 'ik kan je veiligheid van hier tot aan de Nederlandse grens garanderen. De Belgische verzetsmensen kennen we niet goed, maar ik kan je vertellen dat het een betrouwbare organisatie is.'

'Eindelijk!' riep Jim. 'Godzijdank! Wanneer vertrek ik?'

'Binnen drie dagen komen er een paar mannen langs om je bij Cocky en Anton op te halen. Pak je koffer en zorg dat je klaarstaat. Gebruik de komende dagen om afscheid te nemen en wees alsjeblieft voorzichtig. Zeg niets tegen niemand.'

Cocky en Anton waren blij voor de piloot, maar vreesden voor zijn leven tijdens die gevaarlijke vluchtroute. De jonge piloot daarentegen was extatisch: 'Eindelijk naar Engeland!'

De drie dagen die volgden leken voor Jim voorbij te kruipen. Hij nam de tijd om al zijn Rotterdamse helpers een voor een te bedanken. Allemaal waren ze nog erg verdrietig over het onbekende lot van Jo Berlijn, Cornelia Broekhuizen en Marijke. Jim ging met zijn maat Kees op het gras bij de singel aan de Eendrachtsweg zitten en vertelde hem hoe dankbaar hij was voor alle hulp die hij, de Sanders' en anderen hem, ondanks de enorme risico's, hadden geboden. Jim nam emotioneel afscheid van de familie Jappe-Alberts, de familie Cohen en de twee Joodse zussen, Aat en Niesje. Daarna maakte Jim zich in het onderduikkamertje van Cocky en Anton op om op pad te gaan. Hij maakte een snede in de voering van zijn koffer en verborg er de plattegrond van de Duitse installaties in Rotterdam die hij de voorgaande weken had samengesteld. Van Cocky kreeg hij een fles Bisquit Dubouché mee, een Franse cognac van zeer hoge kwaliteit, en van Anton een reiskostuum.

Toen brak de dag aan. Rond het middaguur verschenen een paar jonge mannen voor de deur van de Breitnerstraat en vroegen hem mee te gaan. Jim nam afscheid van Cocky en Anton. 'Hoe zal het hun vergaan?' vroeg hij zich af terwijl hij met zijn ondergrondse escorte per trein naar Breda vertrok. Daar aangekomen dook hij tijdelijk onder bij de familie Loose in afwachting van het juiste moment om de grens over te steken. Maar tijdens zijn verblijf kreeg hij hoge koorts en lag dagenlang te rillen onder de wol. Luchtaanvallen, sirenes, explosies, luchtafweergeschut, neerstortende bommenwerpers in de verte; hij hoorde het allemaal aan, ijlend en badend in het zweet. Een paar dagen nadat zijn koorts was gezakt, vertrok hij met mensen van de Bredase ondergrondse op de fiets via allerlei omslachtige kleine weggetjes en paden naar de Belgische grens. Daar moesten ze wachten op een aantal andere verzetsmensen die hem naar België zouden begeleiden. Na ongeveer een half uur kwamen er drie mannen opdagen. Twee van hen waren geüniformeerde Nederlandse grenspolitieagenten en leden van de marechaussee. Ze namen Jims persoonsbewijs in omdat hij dat niet in België kon gebruiken en vertelden hem dat hij een nieuwe kreeg zodra hij de grens over zou zijn. Ze vroegen hem wat hij verder nog bij zich had.

Jim haalde de fles Bisquit Dubouché tevoorschijn.

'Waar heb je die in godsnaam vandaan?' vroeg een marechaussee.

'Gekregen van mijn vrienden bij een Rotterdams kleermakersbedrijf,' zei Jim.

'Het spijt me,' zei de man, 'maar die kun je niet meenemen. Niemand in jouw situatie zou zo'n dure fles bij zich dragen.'

'Goed,' zei Jim, 'dan drinken we 'm op.' Dat vonden alle aanwezigen een goed idee.

Daarna haalde Jim uit de voering van zijn koffer de plattegrond van Rotterdam met alle Duitse installaties. Die moest direct worden verbrand, besliste de marechaussee.

'Jongeman,' zei hij, 'besef dat als de Duitsers je met deze kaart pakken, ze je dan niet als een militaire officier behandelen, maar als een spion. Met alle verschrikkelijke gevolgen van dien.'

En dus werd de plattegrond direct verbrand. Daarna kreeg Jim instructies.

'Je moet over die brug lopen,' zei een van de marechaussees, 'aan de andere kant bevind je je in België en daar moet je in een open veld wachten tot je wordt opgehaald.'

Zo geschiedde en Jim werd opgepikt door een vrouw die Anna heette. Gezamenlijk reisden ze met de tram naar Antwerpen. Daar gingen ze naar de bovenste verdieping van een gebouw aan de Lange Gasthuisstraat. Daar hielden ze zich twee dagen en nachten schuil in een kamer. Inmiddels was het 24 juli en bloedheet. Jim werd in die kamer geplaagd door muggen. Op de derde avond vertelde Anna hem dat ze hem meenamen naar de flat van de Grote Baas. 'Daar eten we wat en zullen we zien hoe het verdergaat.'

Daar aangekomen dronken ze een glas wijn. Er kwam een gedrongen man binnen die geïntroduceerd werd als de Grote Baas van het Belgische verzet.

'Ik mocht hem meteen niet,' schrijft Jim in zijn memoires. 'Hij had scheve ogen en terwijl hij met ons praatte, keek hij me niet één keer recht in de ogen aan.'

In de flat lieten ze ontsnappingskaarten en enkele insignes met pilootvleugels, schuttervleugels, bombardiervleugels en andere items zien en zeiden trots: 'Deze waren van piloten die we al succesvol naar Frankrijk hebben geholpen.'

Goh, dit is geweldig, dacht Jim. Deze jongens weten echt waar ze mee bezig zijn.

Daarna dineerden ze copieus en maakten heel wat flessen alcohol soldaat. Nadat het buiten donker was geworden, werd er op de deur geklopt en kwamen twee mannen binnen. Ze vertelden Jim dat ze smokkelaars waren en dat ze hem in een afgedekte auto zouden verstoppen en naar Frankrijk zouden brengen. Rond elf uur in de avond vertrok Jim met twee van zijn begeleiders, waaraan hij in zijn memoires refereert als 'Grote Man' en 'Kleine Man'. Kleine Man sprak slecht Engels, maar Grote Man had bijna vijftien jaar in de Verenigde Staten gewoond en zijn Engels was feilloos. Eenmaal buiten haalden ze allebei een PPK-pistool tevoorschijn waarvan ze de veiligheidspin losmaakten.

Buiten was het pikdonker vanwege de verduisteringsmaatregelen. Ze liepen een paar minuten naar een andere lege woning. Grote Man nam Jim mee naar een eetkamer en sloot de deur. 'Jongeman, ga zitten,' zei hij.

'Ik ging zitten en vroeg me af wat er aan de hand was,' schreef Jim.

Hij ging tegenover Jim zitten en begon hem te ondervragen. 'We moeten nu eerst vaststellen dat je bent wie je zegt dat je bent, voordat we verder kunnen trekken. Ik wil graag de namen weten van de mensen bij wie je in Rotterdam verbleef. Ik begrijp dat je nu uit Breda bent gekomen, maar ik wil ook weten wanneer je vliegtuig is neergestort.'

Jim vertrouwde het niet helemaal en hield zich een beetje van de domme. Grote Man probeerde een half uur lang om informatie bij Jim los te peuteren, maar hij liet niets los.

'Oké,' zei Grote Man concluderend en vertelde wat ze vervolgens zouden doen. 'We lopen midden in het centrum naar een gebouw waarvan de deur openstaat. Daar staat een Duitse soldaat met een geweer, maar we zullen niet met hem praten. We lopen langs hem de trap op.'

Tjonge jonge, dacht Jim, dit zijn echt professionals. Ze hebben zelfs een Duitse soldaat omgekocht.

Vervolgens liepen ze de donkere, uitgestorven straten weer op, langs een park en ze kwamen aan bij een gebouw waar inderdaad een Duitse soldaat met geweer stond. Eenmaal binnen sloot Grote Man de deur.

'Ga zitten,' zei hij. Grote Man en Kleine Man gingen onmiddellijk van het Engels over op het Duits. Daarna draaide Grote Man zich om en zei: 'Jij en de mensen met wie je bent geweest, denken zo slim te zijn, maar te jouwer informatie, je bent nu onze gevangene. We zijn van de Duitse geheime politie.' Grote Man pakte een dossier en zei: 'Dit zijn de mensen die je zijn voorgegaan.'

Jim wist niet wat hem overkwam en kon er geen touw aan vastknopen. Hij bekeek de lijst. 'Ik herkende twee namen,' schreef Jim, 'het waren de Amerikaanse vliegers die ik in het huis van J.J. van Dongen in Rotterdam had ontmoet.'

Daarna legde Grote Man het dossier op zijn bureau, leunde op zijn knokkels en keek Jim recht in de ogen aan.

'Sorry, maar je gaat vanavond niet naar Frankrijk. Je gaat naar de gevangenis.'

Dit kan niet waar zijn! dacht Jim. Ze zullen ons waarschijnlijk op de proef stellen om te zien of we in paniek raken onder druk, schoot hem door het hoofd. Maar daarna moest de grootste schok nog komen.

'Ik denk dat je geïnteresseerd zult zijn in deze andere lijst,' zei Grote Man tegen Jim terwijl hij nog een vel papier uit het dossier haalde. Hij begon de namen hardop voor te lezen van mensen waarvan hij zei dat Jim die in Rotterdam had ontmoet. Veel van de namen waren hem onbekend, maar anderen kende hij inmiddels erg goed. De namen van Anton Sanders en Kees van den Engel bijvoorbeeld.

'Dus je ziet, luitenant,' blufte de Grote Man, 'we weten alles over je en waar je bent geweest sinds je vliegtuig naar beneden is gehaald. We kennen de mensen bij wie je verbleef en we weten wat ze doen. Maar we gaan vooralsnog niets ondernemen tegen ze, aangezien we willen dat ze ons vluchtende piloten zoals jij blijven sturen.'

Grote Man keek Jim aandachtig aan om te zien hoe hij zou reageren. Jim wist zijn emoties te verbergen en hield zijn gezicht in de plooi.

Jim was, toen hij de Belgische grens was overgestoken, rechtstreeks in de val van een goed geoliede valse ontsnappingslijn van Belgische en Nederlandse verraders gelopen die voor de Duitsers werkten. Met deze valse ontsnappingslijn, die bekend zou komen te staan als de KLM-lijn, werden honderden vliegers opgepakt, zonder dat het Nederlandse verzet daarachter kwam.

Deze KLM-lijn hield op te bestaan toen het Canadese leger België bevrijdde begin september 1944. Tegen die tijd hadden de Duitsers met deze valstrik al 235 geallieerde vliegers gevangengenomen, waaronder luitenant Jim Keeffe.

Na de chaos die in de Lage Landen ontstond door de geallieerde invasie in Frankrijk en België vluchtten veel Duitsers en Nederlandse collaborateurs in paniek naar Duitsland. Vervolgens riepen de Duitse autoriteiten op om alle Nederlandse en Belgische personen waarvan ze wisten dat die bij de hulp aan piloten betrokken waren – mensen die ze eerder met rust lieten zodat ze vliegeniers bleven aanvoeren – op te sporen en te doden. Talloze verzetsmensen zouden in de daaropvolgende maanden daarbij terechtgesteld worden. Deze Duitse represaillegolf zou weken later ook Rotterdam bereiken, maar Cocky en Anton kregen daar nog niets van mee.

In de dagen die volgden, boog Jim zich wanhopig het hoofd over hoe hij Cocky, Anton en Kees van het verraad op de hoogte kon brengen. Misschien dat hij hun levens nog tijdig zou kunnen redden. Hij was in de gevangenis toe aan een knipbeurt en vroeg de kapper, ook een gevangene, 'of hij een bericht uit de gevangenis kon smokkelen voor een verzetsgroep in Rotterdam'. De kapper antwoordde bevestigend, waarna Jim hem in een mondelinge boodschap vroeg om Cocky en Anton Sanders en Kees van den Engelen in Rotterdam te laten waarschuwen dat hij was verraden en dat hun namen bij de Duitsers bekend waren. Even later realiseerde Jim zich dat hij waarschijnlijk een enorme stommiteit had begaan. De boodschap die hij nu via de kapper had verstuurd, zou weleens het doodvonnis kunnen betekenen voor zijn vrienden in Rotterdam.

12

Massapsychose

De waarschuwing die de gevangengenomen Amerikaanse piloot via de Vlaamse gevangeniskapper aan Cocky en Anton had overgebracht, heeft hen nooit bereikt. Het is de vraag of het bericht de Duitsers wél ter ore was gekomen en Jim daarmee had bevestigd dat de Sanders' zijn helpers waren in Rotterdam. Cocky en Anton hadden geen idee dat ze verraden waren en op een Duitse lijst stonden.

Constant werden er mensen in de omgeving van de Sanders' opgepakt waardoor er vermoed werd dat de Duitsers over informatie beschikten, maar over de vraag hoe ze daaraan kwamen tastte iedereen in het duister. Zelfs tot lang na de oorlog.

Cocky en Anton moeten de hete adem van de Duitsers in hun nek hebben gevoeld, maar gingen ondertussen onverminderd verder met hun verzetsactiviteiten, zo blijkt uit de verhalen van Jeanne en de teruggevonden brieven. Cocky fietste kriskras door de stad met geheime boodschappen en voedselbonnen en Anton draaide overuren in zijn kleermakerij, waar hij voor zowel de boven- als ondergrondse markt kleding produceerde en waarbij zijn kledingbedrijf als doorvoerhaven van contrabande fungeerde. Terwijl de meeste kledingwinkels de eindjes aan elkaar moesten knopen, plaatste Anton zelfs in het schrale najaar van 1944 nog advertenties waarin hij werkplekken aanbood voor naaisters. Maar zonder dat Cocky en Anton er erg in hadden, sloot langzaam het net zich rondom hen. De Duitsers hadden hen al in het vizier, terwijl het stel nog dacht onder de radar te opereren.

Toen de verzetstopman en knokploegleider Leendert – Bertus – Valstar eind augustus werd gearresteerd en werd meegenomen naar het politiebureau aan het Haagseveer, kwam zijn knokploeg bijeen en smeedde een plan om hem te bevrijden. Gezien de nauwe banden die Cocky en Anton met 'Oom Bertus' hadden, kan worden verondersteld dat enkele directe verzetscollega's bij die bijeenkomst aanwezig moeten zijn geweest en dat Cocky en Anton op de hoogte waren van de plannen.

Er werd afgesproken een fles ossenbloed de cel van Valstar in te smokkelen waarmee hij een maagbloeding zou kunnen simuleren. Wanneer Valstar dan naar een ziekenhuis vervoerd zou worden, kon de knokploeg hem daar of onderweg bevrijden. Helaas raakte een politieofficier van het plan op de hoogte en plaatste hij extra beveiliging bij de cel waardoor het ossenbloed Valstar nooit bereikte. Toen Bertus ontdekte dat het plan niet langer kans van slagen had, slikte hij 's nachts zijn kunstgebit in, in de hoop erin te stikken, uit vrees voor de beruchte Duitse martelingen die hem te wachten stonden. Maar dat mislukte en Bertus werd alsnog naar kamp Vught afgevoerd, vreselijk gemarteld en een week later samen met zestig andere verzetsstrijders voor een vuurpeloton gezet.

Na de arrestatie van Jo Berlijn, Cornelia Broekhuizen, Marijke en Leendert Valstar kregen Cocky en Anton eind augustus 1944 opnieuw een flinke dreun te verwerken. Hun maatje en centrale figuur binnen de verzetsgroep, Kees van den Engel, was van de ene op de andere dag verdwenen. Pas dagen later kwamen ze erachter dat Kees door de Duitsers op heterdaad betrapt was. In een naoorlogse brief schreef Kees aan Jim: 'Zoals je al van Cocky en Anton hebt gehoord, werd ik opgepakt door de Sicherheitsdienst op 25 augustus. Ik werd gearresteerd met veel persoonsbewijzen en illegale kranten. De jongens die me van het politiebureau probeerden te bevrijden waren vijf minuten te laat. De SD verwachtte dat de knokploeg nog een poging zou wagen en bracht me direct naar concentratiekamp Vught.'

Kees schreef dat hij op een lijst stond van mensen die bij aankomst in het kamp meteen moesten worden doodgeschoten, maar dat de Duitsers dat hadden nagelaten. Twee weken later werd hij naar het Duitse concentratiekamp Oranienburg-Sachsenhausen overgebracht, waar hij het grootste resterende deel van de oorlog onder erbarmelijke omstandigheden uitzat en de helft van zijn lichaamsgewicht verloor. Hij eindigde zijn brief met: 'Ik hoorde van Cocky en Anton dat de Gestapo in Antwerpen mijn christelijke naam kende. Weet jij hoe dat in godsnaam mogelijk is?'

Op dezelfde dag dat de hekken van Oranienburg-Sachsenhausen achter Kees dichtvielen, viel het besluit om vanaf dan alle verzetsgroepen onder de hoede van de Nederlandse Binnenlandse Strijdkrachten (NBS) te voegen, dat onder direct gezag van prins Bernhard kwam te staan. Dat besluit kwam niet uit de lucht vallen. Nu de geallieerden vanuit het zuiden naderden, was het een halszaak de talloze verzetsgroepen te verenigen onder één overkoepelende organisatie zodat acties beter gecoördineerd konden worden en de bezetter gedwongen werd al zijn mankracht te verdelen. Niet alleen over het naderende buitenlandse geallieerde front, maar ook over een efficiënter opererend binnenlands front.

Twee maanden nadat de geallieerde armada de oversteek naar

Frankrijk had gemaakt, wisten de Engelse, Canadese en Amerikaanse soldaten begin september de meeste Duitse troepen uit België te verdrijven. Daardoor raakten de Rotterdammers in een jubelstemming en verwachtten ze ook ieder moment bevrijd te worden. Nadat op 3 september Brussel was veroverd, en op 4 september Antwerpen, kon het niet anders dan dat de geallieerden op 5 september ook Rotterdam zouden bereiken, zo was de redenatie.

De geruchtenstroom die op deze dinsdag 5 september op gang kwam, dompelde de havenstad in een massapsychose. Het gonsde tot in alle buitenwijken: de Amerikanen hebben de Moerdijk al bereikt en de Duitsers zijn al uit Dordrecht verjaagd. In Breda zijn de geallieerde kanonnen al gehoord.

Rotterdam veranderde in een heksenketel. Mensen zochten elkaar op, winkels werden gesloten, personeel ging de straat op, scholen gingen dicht en radioberichten werden nauwlettend beluisterd.

Rond het middaguur van deze Dolle Dinsdag, zoals de krankzinnige dag de geschiedenis in zou gaan, werd op Radio Oranje gemeld dat Breda daadwerkelijk bevrijd was en Rotterdam nu ieder moment zou volgen. Overal barstten daarop de straatfeesten los. Mensen liepen dansend en zingend over straat: 'Oranje boven, leve de Koningin!' Vlaggen en oranje banieren werden opgehangen. Sommige winkeliers probeerden een slaatje te slaan uit de ophanden zijnde bevrijding en besloten een bevrijdingsetalage in te richten.

Toen deed opperbevelhebber der geallieerde strijdkrachten generaal Dwight D. Eisenhower er een schepje bovenop en riep de Rotterdamse haven- en spoorwegarbeiders op om de haveninstallaties te beschermen tegen vernietiging door de Duitsers en hij verzocht de Binnenlandse Strijdkrachten paraat te blijven. Daarop concludeerde heel Rotterdam dat de bevrijding van de Maasstad nu echt nabij was. In de rest van het land zong het nieuws zelfs al rond dat de Rotterdammers zélf de Duitsers hadden verjaagd.

'Eisenhower heeft de bevolking van Rotterdam gevraagd niet in opstand te komen – tevergeefs, de Rotterdammers doen het toch,' noteerde een dagboekschrijver in Zeist.

Anderen wisten te vertellen dat honderden Rotterdamse verzetsstrijders bovengronds waren gekomen en de stad al hadden bevrijd.

De zucht naar de bevrijding was zo groot, dat ieder gerucht onmiddellijk als een voldongen feit werd beschouwd. Iedereen dreef elkaar tot waanzin; als anderen het zeiden moest het wel waar zijn. Daarnaast bezat niet iedereen voldoende accurate topografische kennis om de geruchten over de vorderingen van de geallieerden op waarde te kunnen schatten. Niemand had ook maar het flauwste idee waar de geallieerde frontlinie zich op dat moment daadwerkelijk bevond.

Ook een aantal Rotterdamse knokploegen was er nu heilig van overtuigd dat de bevrijding voor de deur stond en begon meteen Duitse krijgsgevangenen te maken en NSB'ers en landverraders uit de weg te ruimen. Niet alleen waren die acties nog te voorbarig, ze leverden ook extreem gevaarlijke situaties op. De Duitsers waren nog allerminst verslagen en gingen tot steeds hevigere represailles over.

Rijkscommissaris Seyss-Inquart had de staat van beleg al uitgeroepen en *Höhere SS- und Polizeiführer in den Niederlanden* Hanns Rauter maakte bekend dat iedere samenscholing van meer dan vijf personen direct zou worden beschoten. Toch weerhield dat bericht vrijwel niemand ervan om op deze surreële septemberdag feest te vieren.

Tegelijkertijd brak onder Duitsgezinden en NSB'ers paniek uit over de mogelijke bevrijding waardoor ze massaal richting de Duitse grens vluchtten. Dolle Dinsdag werd uiteindelijk niet zozeer getekend door de langverwachte invasie van de geallieerden, maar eerder door de evacuatie van Duitsers en collaborateurs. In een dagboek vertelde een Rotterdammer dat hij en zijn vrouw met een glas oranjebitter voor het raam een stoet Duitsers en NSB'ers de stad uit zagen trekken, 'net zoals eerder de Joden deden'.

Waarschijnlijk stonden ook Cocky en Anton uitgelaten achter het raam van de Breitnerstraat terwijl ze een glas hieven op het nazigespuis dat ervandoor ging. Want ook Sicherheitsdienstbuurman Henke verliet samen met zijn vrouw en zoontje halsoverkop de woning naast hen, enkele ingekwartierde Gestapo-officieren achterlatend. Cocky zou jaren later zeggen dat zodra het Duitsgezinde gezin Henke er vertrok, de woning naast hen veranderde in een nazibordeel. Toen de familie Waisvisz er maanden later terugkeerde, troffen ze de woning uitgewoond aan en hingen de kasten nog vol Gestapo- en Sicherheitsdienstuniformen. Eduard Waisvisz herinnerde zich hoe zijn moeder de Duitse stoffen die van hoge kwaliteit waren verfde en er enkele plusfours voor hem van maakte: 'Hoe ironisch dat een gevlucht Joods jongetje na de oorlog in luxe nazi-drollenvangers rondliep.'

Nadat ook de Nederlandse NSB-leider Anton Mussert tijdens Dolle Dinsdag de benen nam en naar een statig landhuis in Almelo vluchtte, was voor veel Duitsgezinde Nederlanders de oorlog in wezen al verloren. Een Rotterdamse ooggetuige: 'Tegen het vallen van de avond vertrokken de meeste NSB'ers in een zielige stoet, moeders ineengedoken met huilende kinderen op schoot, in de haast bijeengeraapte kleren en beddengoed. De stoet werd begeleid door de NSB'ers die met de revolvers in de hand, in het wilde weg schietend zich een weg de stad uit baanden.'

Een treinreiziger die op 5 september station Utrecht bereikte, schreef in zijn dagboek wat hij aantrof. Rijen 'bepakte, gedrukte, vluchtende NSB'ers' en 'onrustige Duitse soldaten'.

Woensdag 6 september, de dag na Dolle Dinsdag, ontwaakte het hele land met een kolossale kater. De stemming sloeg het eerst om in het zuiden, waar men in de gaten kreeg dat het aangekondigde geallieerde offensief uitbleef. Een Bredase inwoner had eerst handenwrijvend toegezien hoe Duitse troepen chaotisch richting Hollands Diep vluchtten, 'maar in de loop van de middag kwamen ze weer terug met boerenkarren en wagens. Wat een teleurstelling!'

Ook bij Cocky en Anton moet het niet lang hebben geduurd voordat de harde realiteit doordrong.

'Na die dag begrepen we wel dat alles muurvast zat. Onbegrijpelijk dat ze geen gebruik maakten van de Duitse paniek,' zou Anton jaren later aan zijn schoonzoon vertellen.

Toch drong het na Dolle Dinsdag nog nauwelijks door hoe onrealistisch de verwachtingen over de snelle bevrijding waren geweest. Volgens historici zou die labiele stemming onder het volk te wijten zijn geweest aan voedseltekorten, de zware Duitse repressie en een algeheel verlies van normen en waarden. Kortom, de zogenaamde Nederlandse nuchterheid was die dag ver te zoeken.

De omvang van de geallieerde troepen was nog veel te klein geweest om Rotterdam te bereiken. Het gros van de geallieerden zat nog in Frankrijk en de troepen die naar de Belgische grote steden waren opgerukt, hadden slechts een dunne corridor in België weten te bevrijden. De aanvoerlijnen voor de bevoorrading van de troepen waren daardoor te lang geworden en afhankelijk van wat kleine provisorisch ingerichte haventjes, terwijl de Duitsers zich in de grote Franse en Belgische havens nog stevig hadden verschanst. De geallieerden waren zelfs nog niet in de buurt van de Nederlandse grens gekomen. De vooruitgeschoven troepen liepen het risico afgesneden te worden van hun achterban en de Duitsers waren zich bij de grens al aan het hergroeperen. Het geallieerde opperbevel durfde het niet aan door te stoten en wist door de snelheid waarmee alles zich had voltrokken, ook niet precies waar de voorste linies zich bevonden. Pas dagen later werd Maastricht bevrijd, maar daarna stagneerde de opmars en braken voor Cocky en Anton de langste maanden van hun leven aan waarin ze de Rotterdamse samenleving volledig zagen desintegreren.

De Duitsers trokken na Dolle Dinsdag de teugels strak aan. Naast het uitroepen van de noodtoestand ondertekende Hitler een decreet waarin vermeld werd dat illegale werkers die op heterdaad betrapt werden ter plaatse moesten worden neergeschoten en dat de woningen waar ze op dat moment verbleven opgeblazen of in brand gestoken dienden te worden.

In een Rotterdams politierapport van 12 september werd vermeld dat 'zeven mensen zonder vorm van proces zijn doodgeschoten en acht gewond omdat ze zich na acht uur 's avonds nog op straat vertoonden'.

Bij winkelier Bergsma in de Lusthofstraat werd een paar dagen na Dolle Dinsdag een handgranaat naar binnen gegooid als wraak voor het verkopen van oranje prullaria aan de hossende Rotterdammers.

Cocky's aanvankelijke jubelstemming sloeg om in een uitzichtloos mineur toen de Duitse repressie steeds verder toenam en vrienden en metgezellen steeds vaker oplosten in Nacht und Nebel.

Hoe Cocky en Anton zich in deze tijd tussen al het geweld wisten te bewegen is nauwelijks voor te stellen, maar de gevoelige inborst van Cocky indachtig, zal ze inmiddels op van de zenuwen zijn geweest.

Toch is bekend uit de familieverhalen – Cocky zal jaren later vertellen dat ze in de Hongerwinter grote afstanden overbrugde om arme gezinnen aan voedsel te helpen – dat ze nog maandenlang stug langs wegversperringen en blokkades bleef wandelen en fietsen met voedselboekjes en andere verstopte bagage. Nu telefoonverbindingen waren afgesloten, radio's verboden en gangbaar transport steeds lastiger werd, vormde het groeiende netwerk aan smokkelende koeriersters het cement van het verzet. Veel koeriersters werkten met een dienstrooster zodat er altijd iemand paraat was om snel berichten in de stad over te brengen. Met een vals legitimatiebewijs en in enkele gevallen in een Rode Kruis-uniform als dekmantel, bewogen de dames zich onopvallend door de stad, soms tijdens spertijd, vaak overdag, soms lopend, maar dikwijls op de fiets. Dat Cocky volgens Jim in de zomer van 1944 nog goede banden op haar fiets had, was een unicum. Die had je óf omdat je steenrijk was of een speciale vergunning had, óf omdat het verzet je er clandestien van voorzag.

Wat Cocky zoal smokkelde blijft giswerk en of ze ook wapens vervoerde betwijfelen de familieleden van Cocky. Toch was dat niet ongebruikelijk in de laatste maanden van de oorlog. Vaak wisten de vrouwen in kwestie niet eens wat ze zoal smokkelden. Haar zus Jeanne zei dat ze Cocky regelmatig 'voor gek verklaarde als ze weer op de fiets op pad ging'.

Op 17 september 1944 kwam Radio Oranje met een gecodeerd bericht: 'De kinderen van Versteeg moeten onder de wol.'

Dat was het startsein voor een ongekend grote en goed gecoordineerde staking, 30.000 personeelsleden van de Nederlandse Spoorwegen legden het werk neer. Een enorme zege voor de Binnenlandse Strijdkrachten die een flinke vertraging opleverde voor de Duitse oorlogsmachinerie. Maar jammer genoeg stagneerde de staking niet alleen Duitse militaire transporten, ook de voedselvoorziening voor Rotterdam kwam erdoor in de knel. Bij gebrek aan transport per spoor breidden de fietskoeriernetwerken zich vanaf dan uit tot een web dat zich uitstrekte over alle provincies. Cocky moet er een dagtaak aan hebben gehad.

Ook Anton had zijn handen vol. Niet alleen voorzag hij de bemiddelde Rotterdammer zelfs in het najaar van 1944 nog van maatpakken – en wellicht zaten daar geregeld ook naziuniformen tussen – ook werd de kleermakerij onverminderd gebruikt als doorvoerhaven van goederen van de zwarte markt en verzetskranten.

In zijn aanvraag voor het Verzetsherdenkingskruis meldde Anton dat hij stapels illegale 'krantjes heeft helpen verspreiden' die hij met 'pakken aangeleverd kreeg van Van Stolk en zijn vriend Jos de Groot'.

Er circuleerden rond dat najaar talloze Rotterdamse blaadjes met patriottistische namen als *Ons Vrij Nederland, Je Maintiendrai, Het Kompas, De Moderne Staat, De Pionier, De Baanbreker, Christofoor, De Rode October, Spartacus, De Vonk, De Vrijbuiter, De Vrije Pers,* maar ook latere gevestigde namen als *Het Parool* en *Trouw*. Welke van deze illegale kranten via de kleermakerij aan de Mauritsweg werden doorgesluisd, is niet met zekerheid te stellen, maar sinds alle communicatiemiddelen en anti-Duitse media verboden waren, was de behoefte aan informatie die niet door de Duitsers was gekleurd enorm. Het verspreiden ervan kon je de kop kosten, dat was inmiddels wel duidelijk. De edities en oplages namen hand over hand toe en over heel Rotterdam werd een ingewikkeld verspreidingsnetwerk opgezet waarbij ieder krantje via allerlei tussenadressen bezorgd werd. Zodoende wisten de makers niet wie de verspreiders waren en vice versa. Dat Anton ze 'met pakken binnenkreeg' was rond die tijd eerder regel dan uitzondering; vrijwel iedereen deed eraan mee.

Nadat Hitler bevolen had dat illegale verzetsstrijders zonder vorm van proces terechtgesteld dienden te worden of gevangengenomen om bij represailles als slachtoffer te dienen, begon ook de LKP steeds vaker verraders en vijanden gevangen te nemen en executies uit te voeren. De Duitsers namen daarop weer wraak door lukraak Rotterdammers te fusilleren. De regelzuchtige Duitsers hadden dat represaillebeleid keurig geformuleerd: als een Duitse soldaat gewond raakte, zou een Nederlandse burger worden neergeschoten. Als de soldaat ernstig gewond raakte, moesten twee mensen worden neergeschoten. Als de gewonde een hoge rang had, kon het aantal doden oplopen. Als een Nederlandse nazisympathisant werd gedood, werden tien Nederlandse burgers neergeschoten en als een Duitse soldaat werd gedood, kostte dat twintig burgerlevens.

Het verzamelen van burgerslachtoffers voor represaillemaatregels verliep uiterst gestroomlijnd. De Duitsers verzamelden ofwel willekeurige slachtoffers in lokale gevangenissen of ze gingen op klaarlichte dag met een konvooi van stafauto's, motors en vrachtwagens naar een druk kruispunt en blokkeerden binnen enkele seconden alle uitgangswegen. Dan sprongen soldaten schreeuwend en vloekend uit de vrachtwagens en pakten mannen, vrouwen en zelfs kinderen op. Na een paar minuten blies een officier op een fluitje of schoot een paar keer in de lucht, waarna het konvooi abrupt vertrok. De ongelukkige burgers die waren opgepakt, werden vervolgens naar de plek gebracht waar een Duitse of Nederlandse nazi gewond of gedood was en werden daar ter plekke neergeschoten. Een Duitse soldaat waakte vervolgens achtenveertig uur over de lichamen en joeg iedereen weg die probeerde dichtbij te komen. Aan het einde van die achtenveertig uur verliet de soldaat het toneel en konden familieleden de doden identificeren en begraven.

Dit beleid viel onder de noemer '*Schrecklichkeit*'. Door de opstandige Rotterdammers zoveel mogelijk te terroriseren, zouden ze vanzelf inbinden. Tussen de spoorwegstaking van 17 september 1944 en de bevrijding van 5 mei 1945 werden door de Duitsers in Rotterdam ruim honderdvijftig mensen geliquideerd.

Maar ook het verzet liet zich niet onbetuigd. Op 18 september schoot de Sicherheitsdienst in Rotterdam-Zuid drie mannen dood wegens valse persoonsbewijzen en wapenbezit. Drie dagen later executeerde de SD op de schietbaan in Kralingen weer drie mannen. De dag erop werd een Duitse collaborateur door het verzet doodgeschoten en de dag daarna weer een andere verrader in Kralingen. Op 24 september werd de spoorbrug opgeblazen in Rotterdam-Noord en twee dagen later werd er op een 'foute' politieman geschoten tijdens een controle. Weer twee dagen later werd een gevangenisbewaakster in haar woning doodgeschoten en dezelfde dag op de schietbaan in Kralingen drie burgers door de SD.

Daarmee was de Duitse wraakzucht nog niet gestild want de dag erop werden nog eens tien mannen doodgeschoten als represaille voor een geslaagde verzetsactie. De dag daarna werd in het Noorderkanaal een lijk gevonden van een politiebeambte. Dat werd gevolgd door een liquidatie van een Nederlandse verrader en een Duitser voor het kantoor van de Sicherheitsdienst aan de Heemraadssingel. Een uur later werden weer vier Schiedammers op de schietbaan gedood. Kort daarop werd de directeur van een bergingsbedrijf in Rotterdam-Noord doodgeschoten, een uur later executeerde de SD even verderop weer iemand standrechtelijk als vergeldingsmaatregel. In de avond maakten zes verzetsmensen verkleed als politiemannen een miljoen gulden buit op een postkantoor. De volgende dag stak de SD de woning van een stationschef in brand. Een paar dagen erna werd een NSB'er op straat doodgeschoten en even later schoot een Duitse soldaat een burger neer die met een communistische badge rondliep.

Het ging maar door.

Drie dagen later werd het politiekantoor aan het Marconiplein overvallen waarbij vijf pistolen buitgemaakt werden. Diezelfde dag werden in Rotterdam-Zuid zeven mannen gefusilleerd die elektriciteitslijnen hadden gesaboteerd waardoor een Duitse soldaat geëlektrocuteerd was. Twee dagen later werden vier verzetsmensen uit de gevangenis bevrijd. De dag erop werd in een gymnastieklokaal een lijk gevonden, gedood door een nekschot. Dezelfde dag werden op de schietbaan vier mannen door de SD standrechtelijk geëxecuteerd en even later nog eens zeven mannen als wraakactie voor de dood van een Duitse soldaat. Bij een geslaagde overval op het hoofdbureau van de politie aan het Haagseveer werden ruim een week later zesenveertig mensen bevrijd. Het gevolg van deze overval was echter dat nog diezelfde dag voor het hoofdbureau een represaille plaatsvond waarbij de Grüne Polizei vier arrestanten fusilleerde. De lijken moesten blijven liggen tot de volgende dag zodat iedereen de consequenties van de verzetsacties kon zien.

Het was hard tegen hard. Een guerrillaoorlog beheerste nu de straten van Rotterdam. Hoeveel zou Cocky hier allemaal van meegekregen hebben terwijl ze dagelijks door de stad heen ploeterde? Volgens mijn moeder zei ze eens dat 'mensen van alle soorten en maten voor oud vuil werden achtergelaten'.

13
Razzia

Na de teleurstellende Dolle Dinsdag en de toenemende spanningen die daarop volgden, groeide Rotterdam uit tot de hoofdstad van het paramilitair verzet. De druk op de inwoners werd immens. Jeanne zei eind jaren tachtig tegen mijn moeder dat 'Cocky al broodmager was terwijl de Hongerwinter nog moest beginnen.' Cocky hield van de bonboeken en het voedsel waar ze de hand op wist te leggen zelf maar een minimale hoeveelheid achter. Het lag volgens Cocky's nazaten in haar aard altijd eerst aan de nood van anderen te denken.

Bij Anton was dat anders. Volgens getuigen gedroeg Anton zich zelfs in oorlogstijd nog als een prins die graag op zijn wenken werd bediend. Volgens de buren en Jeanne wist Cocky zelfs in die karige tijden Anton dagelijks nog zijn geliefde Engelse ontbijt te serveren. Dan drapeerde ze de tafel met wit linnen, dekte die met zilverbestek, porseleinen servies, een zilveren toastrek met vier getoaste boterhammen, zilveren schaaltjes met boter, jam en marmelade, een roerei met bacon of kaas, witte bonen in tomatensaus en uiteraard thee en vruchtensap. Als er door de voedselschaarste ingrediënten ontbraken, dan was ze zo inventief de schaaltjes en potjes te vullen met wat er zoal voorhanden was, zolang de heer des huizes bij het ontwaken maar zijn koninklijke ochtendmaal aantrof.

Toen Jim Keeffe's doos met brieven, foto's en documenten in 2014 boven water kwam en de herinneringen – en na verloop van tijd alle verhalen van de familieleden – waren verzameld, viel op dat Cocky het vooral in de laatste oorlogsmaanden erg moeilijk moet hebben gehad. Tijdens die maanden was er van 'beschaving' geen enkele sprake meer.

Cocky moet haar koeriersrol onder extreem gevaarlijke omstandigheden hebben uitgevoerd, maar moet zich tegelijkertijd ook het belang ervan goed hebben gerealiseerd; ze redde er levens mee. Een Rotterdamse collega-fietskoerierster noteerde in haar dagboek terwijl ze in kamp Ravensbrück wegkwijnde: 'En nu Clara, geen medelijden met jezelf krijgen! Hoeveel tienduizenden bonkaarten heb je niet door Rotterdam versleept? Dat betekent evenwel honderden duikers die gevoed zijn en tienduizenden jongemannen die uit Duitsland zijn gehouden.'

Cocky zal het niet anders hebben ervaren. Haar rol werd alleen maar urgenter naarmate Rotterdam de laatste oorlogsfase inging. Uit alle hoeken van het land kwamen de verzetsstrijders nu naar Rotterdam, aangezien iedereen verwachtte dat rondom de havens de eindstrijd zou plaatsvinden tussen de bezetter en de geallieerden. Het leverde een toenemend aantal pakketjes en berichten op die bezorgd moesten worden. Terwijl Cocky de stad doorkruiste moet ze ook getuige zijn geweest van excessief geweld en liquidaties op straat. Volgens historici waren er rond die periode in Rotterdam ruim honderd liquidatiepogingen ondernomen door de LKP waarvan er circa tachtig succesvol waren uitgevoerd. In Amsterdam waren dat er zo'n dertig.

Iedereen maakte zich op voor de definitieve slag om de Lage Landen in de Rotterdamse havens. Dus verhuisde niet alleen een groot deel van de landelijke verzetsgroepen nu het strijdtoneel naar Rotterdam, ook de Duitsers mobiliseerden steeds meer nieuwe troepen richting havenstad, terwijl de geallieerde troepen aan de zuidelijke grens steeds verder noordwaarts oprukten. Niemand twijfelde nog over een ophanden zijnde geallieerde aanval via de Nieuwe Waterweg. Dit kaarsrechte diepe en brede kanaal dat ruim zeventig jaar eerder was uitgegraven en dat van de Noordzee tot in het hart van de stad loopt, vormde een watersnelweg; geen bocht, brug, sluis of versmalling zou de geallieerden hinderen bij een snel offensief. Maar dat hadden de Duitsers ook begrepen en die hielden vrijwel alle belangrijke havens nog stevig onder controle, terwijl ze het scheepsverkeer volledig hadden stilgelegd.

'Opa zei dat het een week lang stil was geweest in de havens,' herinnerde mijn moeder zich. 'Zijn hele leven werkte hij in die drukke havens, nu kon je een meeuw horen krijsen.'

Maar dat veranderde snel. Nadat de geallieerden op 12 september 1944 de Nederlandse grens passeerden bij Eijsden in Limburg, gaf Hitler het bevel om zoveel mogelijk vernielingen aan te richten in de Rotterdamse havens en al het bruikbare havenmaterieel in beslag te nemen. Een paar dagen later barstte de hel los en begon de grootschalige onttakeling. De sloopexplosies dreunden door de stad. Tegelijkertijd begonnen de Duitsers met het blokkeren van de Nieuwe Waterweg door landmijnen uit te zetten en grote schepen tot zinken te brengen waardoor al het verkeer over water werd gestremd. Daarop reageerde generaal Eisenhower met een radio-oproep aan de Binnenlandse Strijdkrachten om 'er zorg voor te dragen dat de vaarroute op de Nieuwe Waterweg niet geblokkeerd zou worden'.

Toen de Duitsers enkele enorme schepen gereedmaakten om in de Nieuwe Waterweg af te zinken, wist het verzet dat te voorkomen door de buitenboordkranen open te draaien en de schepen te laten zinken voordat ze versleept konden worden. Maar de Duitsers ontdekten dat, draaiden de kranen weer dicht, pompten de schepen leeg om ze vervolgens alsnog in te zetten voor blokkadedoeleinden. Daarna bracht het verzet het schip De Borneo tot zinken om te voorkomen dat het naar een strategische zinkplek vervoerd kon worden. Het dreef de Duitsers tot waanzin. Ze haalden steeds meer militairen uit Duitsland om de verwoestingen te versnellen. Kilometers ver waren de ontploffingen in de havenstad te horen toen dertien kilometer kade werd verwoest, tientallen hijskranen gedemonteerd en haveninstallaties, machinefabrieken en scheepswerven ontmanteld werden om naar oorlogsfabrieken in Duitsland te worden getransporteerd. De ontploffingen waren zo hevig dat vijftienhonderd woningen in Katendrecht onbewoonbaar werden verklaard en er tot in de verre omtrek ramen aan diggelen gingen.

Het was pas rond deze tijd dat Cocky's ouders uit Delfshaven naar een boerderij in Midden-Delfland vluchtten, toen ook bij hen een raam sneuvelde en moeder Lena opnieuw een zenuwinzinking nabij was. Waarom gingen Cocky en Anton niet ook naar het veel veiligere platteland waar voedsel en voldoende brandstof voorhanden waren? Waanden ze zich zo onmisbaar in het ondergrondse verzet?

Niemand van Cocky en Antons nazaten had er een sluitend antwoord op. De familieleden vertelden dat zowel Cocky als Anton geweld en agressie verafschuwde. Toch wisten ze de storm aan terreur in de stad te trotseren en vertrokken ze niet naar veiliger oorden. Was het gevoel van engagement groter dan de vrees voor het eigen leven? Kon Cocky, vanuit humanitaire overwegingen, haar voedselrondes onmogelijk staken? Het verhaal van een oud-verzetsman die een fietskoerierster zoals Cocky in de oorlog aannam, wat tot haar vroegtijdige dood leidde, toont aan hoe sterk de drang bij sommigen was om deel te nemen aan het verzet. 'Vaak heb ik mijzelf verweten waarom ik haar geaccepteerd had als koerierster, maar ik wist, dat zoo ik haar niet in mijn verband zou opnemen, zij toch eerder of later zich zou aansluiten bij een andere ploeg, want zij móest erbij zijn.'

Toen alle telefoonverbindingen door de Duitsers werden afgesloten, wisten sommige verzetsgroepen her en der de kabels weer aan elkaar te lassen en zo contact te onderhouden met Londen, maar ook die verbindingen hielden niet lang stand. Voor Cocky, Anton en alle andere Rotterdammers was contact met verre vrienden en familieleden niet langer mogelijk. Iedereen raakte zo steeds verder geïsoleerd. Op diverse plekken in Rotterdam werden illegale radio-installaties ingericht waarmee direct contact kon worden gelegd met hoogvliegende zendvliegtuigen van de Britse luchtwachtdienst RAF. Antons 'jeneverman' Eduard Hoogeweegen en zijn Raad Van Verzet, maar ook de groep José van 'Grote Baas' Elsinga, de spionagegroep Albrecht en de groep rondom de illegale krantendrukker Van Stolk waren allemaal in de weer met rechtstreekse radioverbindingen met Engeland. Cocky zal hoogstwaarschijnlijk, net als veel andere fietskoeriers in die dagen, frequent tussen de radioposten hebben gependeld met gecodeerde berichten die de ether in moesten worden gezonden. Vanwege de omgang met die radiopiraten bleven Cocky en Anton als een van de weinigen wél op de hoogte van het laatste nieuws uit Londen. Daarnaast weten we van mijn moeder en uit de naoorlogse briefwisselingen van Cocky en Anton met Jim, dat ondanks het verbod op radio's, de Sanders' tot begin december 1944 over twee illegale radio's beschikten, een in het geheime achterkamertje thuis, die er nog stond toen mijn moeder jaren later opgroeide in de Breitnerstraat, en een op de kleermakerij die later door de Gestapo geconfisqueerd zou worden.

Wanneer nieuwe bewoners de woning aan de Breitnerstraat 60B ruim zestig jaar later betrekken, ontdekken ze dat er nog tal van oude kabels door het achterkamertje lopen; de stille getuigen van de illegale radioaansluitingen uit de oorlog.

Halverwege september kwamen de geallieerden met een plan om voor kerst Berlijn te veroveren. Een enorme troepenmacht werd op de been gebracht. Operatie Market Garden ging van start waardoor de Rotterdammers opnieuw verwachtten dat de bezetting nu snel voorbij zou zijn. Maar met Operatie Market Garden ging vrijwel alles mis wat maar mis kon gaan. Parachutisten landden op verkeerde plekken, inlichtingen werden in de wind geslagen, radioverbindingen lieten het afweten, tanks liepen vast in de drassige weilanden, de geallieerden slaagden er niet in belangrijke bruggen te veroveren en er ontstonden opnieuw bevoorradingsproblemen. De moed zakte de Rotterdammers nu pas werkelijk in de schoenen. De geallieerden verloren tijdens die mislukte operatie meer manschappen dan bij de invasie in Normandië.

Hoewel een aanzienlijk deel van Zuid-Nederland werd bevrijd, zou Berlijn zeker niet voor kerst veroverd worden. Rotterdam moest zich opmaken voor nog een barre winter onder het juk van de nazi's. Tegelijkertijd met de aanvang van Operatie Market Garden volgde de eerdergenoemde NS-staking. Dat was enerzijds gunstig aangezien de Duitsers nu gehinderd werden bij het vervoer van mensen en materieel, anderzijds kreeg het verzet er nu tienduizenden onderduikers bij die ook allemaal gehuisvest en gevoed moesten worden, terwijl de grote voedseltransporten stagneerden. Alhoewel een Amsterdamse bankier dankzij handige financiële constructies, steun van Londen en de tien grootste banken van Nederland met Het Nationaal Steunfonds de Spoorwegstaking en de nieuwe massa spoorwegonderduikers grotendeels wist te financieren, wist niemand de andere enorme dreiging die voor de deur stond te voorkomen: honger.

De Duitsers hadden furieus gereageerd op Operatie Market Garden en de NS-staking door alle voedseltransporten naar West-Nederland te verbieden. Een humanitaire ramp voltrok zich. Steeds vaker trok men naar het platteland, waar nog wel voedsel bij elkaar te scharrelen was. Stadsbewoners werden 'etenslepers'.

Daarna deelden de Duitsers de genadeklap uit aan de Rotterdamse bevolking en kwamen met een satanische meesterzet. Op de vroege avond van 9 november 1944 bezetten achtduizend soldaten alle belangrijke Rotterdamse bruggen en pleinen en deelden pamfletten uit met de mededeling dat op bevel van de Duitse *Wehrmacht* alle mannen van zeventien tot en met veertig jaar zich moesten melden voor de arbeidsinzet. Daarop werd de jongemannen bevolen onmiddellijk na ontvangst van het bevel met de voorgeschreven uitrusting op straat te gaan staan, terwijl vrouwen en kinderen thuis moesten blijven. Mannen die zich schuilhielden werden gestraft. Bewijzen van vrijstelling van burgerlijke of militaire instanties moesten ter controle worden overgedragen en 'warme kleding, stevige schoenen, dekens, bescherming tegen regen en eetgerei, mes, vork, lepel, drinkbeker en boterhammen voor één dag worden ingepakt'. Daar stond volgens het pamflet dan tegenover dat men een dagelijkse vergoeding kreeg, genoeg te eten, voldoende rookwaar en dat er voor de achterblijvende familieleden zou worden gezorgd. De Duitsers wonden er geen doekjes om; iedereen die vluchtte, werd neergeschoten. De volgende twee dagen werd straat voor straat uitgekamd en huis voor huis doorzocht.

De Duitsers waren toen al zeer bedreven in zulke razzia's. Een maand eerder raakte een verzetsbeweging in Putten in een vuurgevecht met de Wehrmacht. Daarbij kwam een Duitse officier om het leven, raakte een andere officier zwaargewond en wisten twee korporaals ternauwernood te vluchten. De volgende dag voerden de Duitsers een meedogenloze vergeldingsactie uit: vrouwen en mannen werden gescheiden, honderd woningen in brand gestoken en zes mannen en een jonge vrouw doodgeschoten. Maar daar bleef het niet bij. De dag daarop werden 659 Putse mannen afgevoerd naar concentratiekampen, waarvan er uiteindelijk 552 nooit meer zouden terugkeren.

Iedereen in Rotterdam was op de hoogte van de razzia in Putten, toch stonden er in die gure novemberdagen tienduizenden mannen gedwee op de stoep hun noodlot af te wachten. Met die misleidende oproep wisten de Duitsers in één klap 52.000 Rotterdamse en Schiedamse mannen naar Duitse werkkampen te transporteren. Een ware nekslag voor de Rotterdammers en een enorme aderlating voor het verzet.

Hoe had de vierendertigjarige Anton Sanders de dans weten te ontspringen? Het kan niet anders dan dat hij via zijn bevriende arts Bap Quartero een Bewijs van Vrijstelling wist te regelen zoals hij dat eerder al voor vele anderen had gedaan. Toen Anton in zijn aanvraag van het Verzetsherdenkingskruis schreef over hoe hij mensen wist te redden van deportatie door ze op papier 'ziek te maken' voegde hij er diagonaal in de kantlijn aan toe: 'Zelf was ik de eerste.' Het is niet ondenkbaar dat Anton, tegen de tijd dat de razzia plaatsvond, op papier inmiddels geplaagd werd door tal van ongeneeslijke en besmettelijke aandoeningen.

Toen kolen en andere brandstoffen tegen het eind van november niet meer werden aangevoerd en elektriciteit en gas werden afgesloten, braken in Rotterdam barbaarse tijden aan. Hele bossen werden gedecimeerd tot kachel- en stoofbrandstof, maar ook treinbielzen, kozijnen, kasten, steunbalken, trapleuningen, vloerdelen; alles wat brandbaar was, werd in stukken gehakt en opgestookt. Vanwege de verduisteringsmaatregelen gingen vooral 's nachts mensen met zagen en hakbijlen op pad om in parken en plantsoenen illegaal bomen neer te halen. Ook het Kralingse Bos moest het ontgelden en had erg te lijden onder de houtroof, terwijl het oostelijke deel gevrijwaard bleef aangezien de Duitsers daar zwaarbewaakte opslagplaatsen hadden gevestigd.

Als er al iets te koken viel, kon dat alleen nog op kleine noodkacheltjes. Drie maanden ervoor was Jim nog zo onder de indruk geweest van het moderne verwarmingssysteem bij de Sanders': 'Cocky en Anton hebben een directe boiler boven het bad, een klein ding dat op gas wordt gestookt. Het wordt een geiser genoemd en is zeer efficiënt. Terwijl je onder de douche staat of het badwater laat lopen, vuurt dit ding aan en krijg je snel een stroom van zeer heet water. Zodra je het water uitzet, stopt de verwarming met het verwarmen van het water. Wat een slim gebruik van energie!'

Maar zonder gas waren ook Cocky en Anton aangewezen op een allesbrander die in de woonkamer stond en waarop Cocky haar gerechten diende te bereiden. Vrijwel iedereen moest nu roeien met de riemen die hij had.

Dankzij wekenlang kil weer met onafgebroken stortbuien, een barre winter in aantocht en een algehele schaarste in Rotterdam, won het verzet na de enorme leegloop vanwege de razzia, alweer snel aanwas. Honger maakt mensen strijdlustig. Broodkarren en melktankwagens werden beroofd, gaarkeukens geplunderd, benzine gestolen van de Wehrmacht en ook de politieschoenmakerij werd overvallen, waardoor honderden Rotterdammers weer warme voeten hadden.

De knokploegen waar de verzetsgroepen van Cocky en Anton mee samenwerkten, opereerden steeds vaker als binnenlands verlengstuk van de geallieerden. Voor hun paramilitaire activiteiten hadden ze wapens, munitie en explosieven nodig. Die werden door de Britten via de lucht aangeleverd. Na een specifiek codebericht op Radio Oranje vertrok voor dag en dauw een ploeg van zo'n twintig man naar de plaats waar het even daarvoor wapens en munitie had geregend. De kisten die op een afgesproken plek in een weiland waren gedropt, moesten snel verzameld worden, aangezien de Duitsers konden meeluisteren. Met auto's, motorboten, motoren, melktankwagens of bakkerskarren werd het militair materieel Rotterdam in gesmokkeld en werd het opgeslagen in garages, kelders of op zolders. Antons kameraden Boy Sissingh, Witte Piet en Samuel Esmeijer waren daar regelmatig bij betrokken. Maar de groep van Cocky en Antons guerrillavrienden raakte steeds verder uitgedund. Op 28 november ging Samuel – Paul – Esmeijer op pad om in Apeldoorn gevangenen uit een kazerne te bevrijden. Een Duitse officier had hem in de gaten, vroeg om papieren en wilde hem fouilleren. Op dat moment trok Esmeijer zijn pistool en haalde de trekker over, maar het pistool blokkeerde. Daarop gaf hij de soldaat een hengst en nam de benen. De officier wist Esmeijer alsnog neer te schieten. Hij was op slag dood. Zijn stoffelijk overschot werd door de Duitsers dermate toegetakeld dat het een politiefotograaf zwaar viel om hem nog herkenbaar op beeld te vangen.

Er kwamen meer verzetsvrienden van Cocky en Anton om. Eveneens op 28 november werden als represaille voor een bomaanslag op een trein in Rotterdam-Noord op twee plaatsen in Rotterdam vijf mannen gefusilleerd, aan de 's-Gravenweg en op de Nieuwe Terbregseweg. Mijn moeder zou samen met haar moeder nog jarenlang na de oorlog in november een bloemetje neerleggen bij het verzetsmonument aan de Boezemlaan. Dat herinnerde ze zich zo goed, aangezien het monument – een stenen kruis – zich precies tegenover begraafplaats Crooswijk bevond, waar heel veel andere kruizen stonden, en ze als klein meisje niet begreep 'waarom dat kruis buiten de boot was gevallen'. Wie Cocky daar herdacht is niet bekend. En of ze er daadwerkelijk een persoon of een heldenactie mee memoreerde weten we ook niet.

Op 29 november barstte de hel opnieuw los boven de Maasstad toen er talloze Britse bommen op Rotterdam-West vielen waarbij van alles en nog wat werd geraakt, behalve het beoogde doel: het pand van de Sicherheitsdienst op de hoek van de Mathenesserlaan en de Heemraadssingel. Er vielen 64 burgerdoden. Jeanne zocht vanaf toen haar heil bij haar ouders in het veiligere Midden-Delfland. Ze had in de buurt van de Essenburgsingel gezien dat iemand door het hoofd werd geschoten en even later deed een Britse afgedwaalde bom overal de ramen sneuvelen.

Voor Jeanne was de maat vol. Net als voor veel andere Rotterdammers. In een oproep van de ondergrondse werd een appel gedaan op de burgerlijke eensgezindheid:

> Het is een bittere noodzaak de gevaarlijke elementen uit de samenleving te saneren [...] dat iedereen daaraan zijn medewerking moet verlenen door de grootst mogelijke zwijgzaamheid te betrachten. Steeds weer komt het voor dat men instanties volledige inlichtingen verschaft omtrent signalement van den dader en toedracht der handeling. Laat ieder bedenken, dat hij door dit te doen, het leven waagt van hen, die goed en bloed offeren voor ons aller Vaderlandse zaak. Hoedt u voor elke inmenging in deze handelingen. Onderdrukt uw instinctieve reacties. Wij leven nog steeds onder een tirannieke bezetting, waarin elk

> normaal rechtsverloop zoek is. Eenieder helpe mee met alle krachten het werk der Verzetsbewegingen te steunen [...]

De ouders van Cocky en haar zus Jeanne zaten de laatste maanden van de oorlog in Midden-Delfland uit. We weten niet exact waar ze toen verbleven, maar volgens mijn moeder moet het in de buurt zijn geweest van een grote kerk in Schipluiden. 'Jeanne zei dat het zo'n tien minuten lopen was naar een grote kerk die midden in het weiland stond.' Dat zou de Hodenpijl-kerk geweest kunnen zijn aan de Rijksstraatweg.

Voor zover bekend was Cocky die namiddag meegefietst met Jeanne naar het boerenerf, maar ze zou ondanks de smeekbedes van haar ouders en zus toch weer teruggaan naar Rotterdam. 'Toen ik die tengere gestalte tegen zonsondergang weer richting de stad zag fietsen,' vertelde Jeanne jaren later, 'vreesde ik haar nooit meer terug te zien.'

Wat ging er allemaal door het hoofd van Cocky toen ze later die avond Rotterdam weer naderde? Toen in de verte de havenexplosies haar weer tegemoet rolden en ze via Overschie de gevarenzone weer in fietste? Ze had nooit kunnen voorvoelen dat zij en Anton op dat moment al in levensgevaar verkeerden.

Een paar dagen nadat Cocky naar huis was teruggekeerd racete rond het middaguur een groep Gestapo-officieren in een kordon van legervoertuigen over de Mathenesserlaan met als doel: de Eendrachtsweg en de Breitnerstraat.

14
Ondergang

Op 5 december 1944, een steenkoude, zonnige middag, liep Anton rond half drie in de binnenstad om een sinterklaascadeau te kopen voor zijn vrouw, terwijl Cocky thuis met de voorbereidingen van een bescheiden sinterklaasmaal in de weer was. Ineens hoorde ze een aantal zware auto's de straat in rijden, voor haar deur halt houden en onder luid Duits stemgeluid veel autodeuren dichtknallen. Sinds de familie Waisvisz was ondergedoken en nu ook de Sicherheitsdienst-buurman Henke weg was, was het naast hen op 62B een komen en gaan van Duitsers die er vertier zochten bij de moffenmeisjes die er nu woonden.

Ook de handvol Duitse ingekwartierde officieren parkeerden dagelijks hun donkergroene dienstauto in de straat. Maar dit klonk anders. Tientallen laarzen klakten de stenen buitentrap op waarna Cocky Duitse stemmen in haar portiek hoorde. Toen ze door een klein zijraam gluurde trok het bloed uit haar gezicht weg; een hele groep mannen in uniform stond voor haar voordeur, enkelen met getrokken pistool, anderen met gummiknuppel in de aanslag. Dit waren geen mannen van de Ordnungspolizei, maar van de gevreesde Gestapo en die waren meestal op oorlogspad.

Een van de officieren die een glimp van haar opving, riep sarrend *'Fräulein, wir haben Sie geséhén!'*

Cocky moet zich gerealiseerd hebben dat de nazi's waarschijnlijk de deur al zouden hebben geforceerd voordat ze de brandtrap die naar het dak leidde zou bereiken. De Duitser met de meeste ornamenten op het uniform trok hard aan de bel en bonkte zo hard dat de deur bijna uit de sponningen vloog: *'Aufmachen!'* schreeuwde hij.

Een bleek weggetrokken Cocky opende de deur en bleef half in de deuropening staan, maar voordat ze er erg in had stormden een paar mannen langs haar heen. Sommigen stampten de trap op naar de bovenste verdieping terwijl anderen de benedenverdieping doorzochten. De *Obersturmführer* bleef in de Haagse portiek tegenover Cocky staan.

'Wat willen jullie?' vroeg Cocky in het Nederlands.

'Wo ist der Mann des Hauses?' vroeg de Obersturmführer met priemende ogen. Cocky rilde even toen ze de Duitser herkende. Het was niemand minder dan *Sturmscharführer* en *Kriminalsekretär* majoor Curt Carl Ferdinand Henry Richter. Zijn reputatie was bij vrijwel alle Rotterdamse verzetsmensen bekend. Sinds hij in 1941 als *Kriminal-Oberassistent* was overgeplaatst naar de *Außenstelle* in Rotterdam voerde hij zijn missies, de bestrijding van *Widerstandsorganisationen*, oftewel verzetsorganisaties, met ijzeren hand uit. Vergeleken met zijn Duitse collega's was Richter een sadist die bij voorkeur iedere verdachte meteen de doodstraf oplegde. Richter was belast met de executies op het terrein van de schietbaan in Kralingen, waarin hij volgens getuigen een macaber genoegen schepte. Nadat de bovengrens van het aantal stokslagen in het najaar van 1944 van hogerhand was afgeschaft en er pas na twintig stokslagen een arts bij gehaald moest worden, waren Richters slachtoffers na

tien stokslagen vaak al halfdood geknuppeld.

Richter verklaarde na de oorlog de stokslagen niet als mishandeling te hebben beschouwd en zei dat hij ze toediende op bevel van zijn superieuren, maar dat hij wel zo coulant was geweest om iemand met al bestaande aandoeningen te sparen.

Als zijn slachtoffer een arrestant, een saboteur, lid van een verzetsorganisatie, communist, terrorist, geheim agent, asociale of werkschuwe Oost-Europese dwangarbeider was, mocht hij zelf het scala aan martelwerkwijzen bedenken. Dat was een kolfje naar de hand van Richter. Een van zijn slachtoffers die het wist te overleven, verklaarde na de oorlog dat Richter hem in de kelder van de Außenstelle met handboeien op de rug dusdanig lang had opgehangen, dat de helse pijnen die hij eraan had overgehouden nog altijd voortduurden.

In Rotterdam wist iedere Duitser en Nederlandse collaborateur: voor het verscherpte verhoor moest je bij Richter zijn. De *Sicherheitspolizei* had in het najaar van 1944 van de Führer volmacht gekregen op het executieterrein in het bevel '*Bekämpfung von Terroristen und Saboteuren*'. Richter en zijn handlangers kregen zo carte blanche bij het voltrekken van een vonnis en wie en hoe ze iemand de doodstraf zouden opleggen. Een verdachte werd niet altijd direct opgepakt, gemarteld of doodgeschoten, maar vaak ook op een lijst geplaatst in afwachting van een represaillemaatregel.

In diverse naoorlogse briefwisselingen vroegen Cocky en Anton zich af hoe het kon dat ze op de verdachtenlijst terecht waren gekomen en wie hen verraden had. Daarbij strooiden ze met namen van potentiële verdachten en in een latere brief waren ze er zelfs zo goed als zeker van wie het moest zijn geweest. Deze verdachte was zoals gezegd volgens Anton in de eerste weken na de bevrijding alsnog geliquideerd door 'onze jongens'. Maar er werd over de aanleiding waarom de troep Gestapo-mannen die sinterklaasdag in 1944 hun huis binnenviel nog lang gespeculeerd.

Tussen het tijdstip dat de gevangengenomen Amerikaanse piloot Jim erachter kwam dat Anton Sanders op een Duitse lijst stond en het moment dat de Gestapo in de Breitnerstraat arriveerde, zat zo'n vijf maanden. Waarschijnlijk was er nu ergens een represaille noodzakelijk en moesten daarvoor slachtoffers worden opgepakt. Majoor Richter en zijn executiepeloton hadden rond die tijd al tientallen Rotterdammers gefusilleerd bij de Kralingse schietbaan en in de tuin van de Außenstelle aan de Heemraadssingel. Vandaag had Richter het voorzien op Anton Sanders. Cocky was zich maar al te bewust van de reputatie van de sadist terwijl ze hem in de ogen staarde.

'*Wo ist dein Ehepartner?*' vroeg de Obersturmführer haar nu met klem terwijl de anderen met veel kabaal het huis doorzochten.

Het was intussen drie uur toen Anton in de stad een klant tegen het lijf liep die hem stamelend en buiten adem verschrikkelijk nieuws meedeelde. Een uur eerder was Richter met een aantal handlangers de woning van de familie Jappe-Alberts aan de Eendrachtsweg binnengestormd en ze hadden iedereen, op opa Jappe-Alberts na, meegenomen.

Anton moet zich wezenloos zijn geschrokken. Dit waren zijn allerbeste vrienden en ze hadden een huis vol onderduikers die hem aan het hart gingen. Een maand na de bevrijding schreef Jackie Jappe-Alberts, de vrouw des huizes die ook werd opgepakt, aan Jim wat er was voorgevallen. 'Ze vielen op 5 december rond twee uur het huis binnen. Natuurlijk hingen Aat en Niesje over de trapleuning om te horen wat er beneden aan de hand was, met als gevolg dat ze niet genoeg tijd hadden om naar hun schuilplaats te gaan. Ze werden onmiddellijk naar beneden gehaald. Nadat ze ons in de wachtkamer van de tandartspraktijk brachten, propten de "Hunnen" hun zak vol met waardevolle spullen en etenswaar. Puur diefstal! We moesten allemaal naar het politiebureau aan het Haagseveer.'

Vandaar werd Jackie naar de gevangenis in Scheveningen gestuurd, hun kinderen Gerrit en Ans bleven in het Haagseveer en de familie Cohen en de Joodse zussen Aat en Niesje verdwenen naar kamp Westerbork. Pas na de oorlog kwam Jackie erachter dat haar man met negen anderen uit de gevangenis van Scheveningen was gehaald en in koelen bloede was vermoord langs een weg in Heinenoord als represaille voor de moord op een NSB'er.

Anton wist niet hoe snel hij op die zwarte sinterklaasdag Cocky en zijn broer Piet in de kleermakerij hiervan op de hoogte moest stellen. In een draf liep hij over de Binnenweg richting Eendrachtsplein. Als de Jappe-Alberts' gepakt waren, was het niet ondenkbaar dat ook zij nu aan de beurt waren.

Op datzelfde moment hield Cocky zich in de woning aan de Breitnerstraat van de domme toen Richter opnieuw en nu luidkeels vroeg: '*Wo ist er? Wo ist Anton Sanders?*'

Cocky's nekharen gingen overeind staan nu ze de Obersturmführer haar man bij zijn volle naam hoorde noemen. Wat wilden ze van hem? Ze verwachtte ieder moment een kogel door haar hoofd.

'*Ich weiß nicht,*' zei ze in gebrekkig Duits terwijl ze haar schouders ophaalde en haar handen ten hemel hief. Het is onvoorstelbaar hoe geharnast ze in die dagen al moet zijn geweest tegen de levensbedreigende situaties, realiseerden de familieleden zich jaren later, want uit een naoorlogse brief van Anton bleek dat

Cocky haar kaken stijf op elkaar hield over de kleermakerij. Pas toen de Obersturmführer zelf door wat spullen in een kabinet begon te neuzen, ontdekte hij het adres van 'Kleermakerij Anton Sanders' op briefpapier.

Terwijl hij het papier omhooghield en Cocky vilein aankeek, dacht Cocky dat haar laatste uur geslagen had; Richter maakte direct aanstalten te vertrekken. De Obersturmführer vertrok met zeven van zijn mannen linea recta naar de Mauritsweg, terwijl de overige drie bij Cocky dienden te blijven.

Cocky wilde de mannen in de keuken houden en had ze volgestopt met sinterklaasversnaperingen, zolang geen van de officieren het geheime achterkamertje op de bovenste verdieping maar zou ontdekken. Dat moet rond die dagen vol hebben gelegen met allerlei illegale zaken.

De kleermakerij bevond zich een paar honderd meter verderop van de woning en Richter en zijn aanhang arriveerden binnen enkele minuten al met piepende banden voor het pand. Op datzelfde moment kwam Anton net de hoek om lopen van de Oude Binnenweg en de Mauritsweg. Hij maakte direct rechtsomkeert toen hij de nazi's zijn kleermakerij zag binnenstormen. Hij moet zich direct hebben gerealiseerd dat hem hetzelfde lot als de Jappe-Alberts' wachtte en rende de Oude Binnenweg weer op, de Jacobusstraat in en verschuilde zich achter een hek dat uitzicht bood op de achterzijde van de kleermakerij.

Piet Sanders schrok zich wezenloos toen de deur van zijn administratiekantoor openvloog en hij recht in de loop van een pistool keek. Ook de werkster en naaisters op de eerste en tweede verdieping begonnen van schrik te gillen. Anton beschreef in een naoorlogse brief aan Jim wat hij aantrof. 'Ik zag zeven Gestapo-officieren de winkel binnengaan. Ik was godzijdank niet aanwezig en keerde net terug uit de stad waar ik een sinterklaascadeau voor Cocky had gekocht. Ik ben onmiddellijk achterom gelopen naar het poortje in de Jacobusstraat dat uitzicht biedt op de kleermakerij vanachter een hek. Ik zag de Duitsers voor de ramen van de winkel lopen en dreigend met hun pistolen zwaaien. Ze keerden de hele zaak ondersteboven en namen de radio in beslag die ik niet verstopt had én alle gin- en cognacflessen, zo'n 36 stuks. Dozen met sigaren, maar wat nog erger was, ze namen ook de vluchtkoffers van Cocky en mij mee met ondergoed, shirts, pyjama's, japonnen en sokken.'

De legervoertuigen van Richter werden volgeladen, net als bij de familie Jappe-Alberts zouden ze ook hier alles van waarde plunderen; maatpakken, rollen zijde, stapels dozen en waarschijnlijk geld.

Wat dachten de nazi's aan te treffen in de kleermakerij? Waarom waren ze naar Anton op zoek? En waarom hadden ze Piet niet opgepakt terwijl ze wel een illegale radio, drankvoorraad en vluchtkoffers meenamen uit de kleermakerij? Had de rijke buit de honger gestild? Of had majoor Richter met de Jappe-Alberts' zijn slachtofferquotum al gehaald voor die dag?

Dit zijn vragen waar we 75 jaar na dato alleen maar over kunnen speculeren. Cocky en Anton ontsprongen op miraculeuze wijze de dans terwijl bijna het hele huishouden van de Jappe-Alberts' wél werd afgevoerd. Jackie Jappe-Alberts schreef een maand na de oorlog aan de Amerikaanse piloot: 'Ik sta niet langer op goede voet met Anton. Ik vroeg hem zijn prijs te heroverwegen, toen hij 125 gulden vroeg voor het maken van een jas voor Ans, terwijl ik zelf de stof had aangeleverd en de patronen al had geknipt! Het enige wat hij zei was: "Je kunt het ook in termijnen terugbetalen." Ik ontplofte van woede. Wat een belediging! De bestelling was vóór 5 december 1944 geplaatst, net voordat mijn man werd meegenomen door de Gestapo, toen we nog over een inkomen beschikte. Aangezien Anton meer geluk had gehad dan Albert en kon ontkomen aan de Duitsers, zou hij zijn prijzen aan ons weleens wat mogen verlagen. Nu ontwijkt hij me constant.'

Richter en zijn mannen haalden de andere drie Duitsers bij Cocky op en lieten haar ongedeerd achter. Zodra ze weer alleen was en zich realiseerde wat een geluk ze had gehad, pakte ze haar biezen voordat Richter zich zou bedenken en terug zou keren.

De nabestaanden van Cocky en Anton wisten tot voor kort vrijwel niets van wat het stel op die sinterklaasdag was overkomen en dat hun levens aan een zijden draadje hadden gehangen. Cocky en Anton hadden de toorn van nazibeul Richter over zich heen gekregen en waren in staat het nog na te vertellen. Alleen zouden ze dat gek genoeg de rest van hun leven nalaten. Toen de zus van Cocky in de jaren zeventig met haar zoon kleurendia's uit 1952 bekeek waar ook Cocky en Anton op stonden, zei ze tegen haar zoon Jan 'dat die twee in de oorlog meermaals door het oog van de naald zijn gekropen'.

Anton eindigde zijn naoorlogse brief aan Jim over die 5 december met: 'Onbegrijpelijk dat ze zowel Cocky als mijn broer Piet niet meenamen. Ze hadden niet eens onze woning verzegeld, zoals ze dat bij de familie Jappe-Alberts wél hadden gedaan. De volgende dag zaten Cocky en ik ook ondergedoken.'

15

Voortvluchtig

Toen de drie Gestapo's even later door Richter en zijn mannen werden opgehaald en ze Cocky verbouwereerd, maar ongedeerd achterlieten, ratelde haar hart als een eierkoker, staarde ze door het kleine deurraam naar het nazikonvooi dat de straat uit reed en vreesde ze het ergste voor haar man. Ze had niet kunnen zien of Anton in een van de patrouillewagens van Richter zat, maar dat ze halsoverkop vertrokken zonder haar mee te nemen moest welhaast betekenen dat ze de buit binnen hadden. Cocky wist op dat moment nog niets van de arrestatie van de familie Jappe-Alberts, maar bedacht zich geen twee keer, pakte de meest noodzakelijke spullen, verstopte alles van waarde in het geheime achterkamertje, sloot de woning af en maakte dat ze wegkwam. De Breitnerstraat was een *no-go-area* geworden, de moordbrigade kon ieder moment terugkeren om haar alsnog mee te nemen, en erger nog, aan een kruisverhoor te onderwerpen. Cocky en Anton zullen afspraken hebben gemaakt om in geval van nood elkaar te treffen op een geheim schuiladres.

Terwijl een radeloze Anton zich na de plundering van zijn kleermakerij snel uit de voeten maakte, tolde zijn hoofd van de vragen. Hij had geen idee of Cocky was meegenomen. Toch zal hij het niet in zijn hoofd hebben gehaald poolshoogte te nemen in de Breitnerstraat. Hij realiseerde zich dat hij een engel op zijn schouder had gehad, want als hij een paar seconden eerder was gearriveerd had hij hoogstwaarschijnlijk diezelfde dag nog voor een vuurpeloton gestaan.

In de verzetsherdenkingskruisaanvraag schreef Anton bij vraag 10D (Hebt u zich als gevolg van uw deelname aan het verzet in gevangenschap bevonden? En zo ja, op welke datum en tot welke straf bent u veroordeeld?): 'Bijna. Op 5 december 1944. Dokter Jappe-Alberts en enige onderduikers werden gefusilleerd in Heienoord. Daar zou ik ook liggen, had ik 's middags 5 dec. '44 niet juist buiten voor mijn zaak aan de Mauritsweg 53A gelopen!'

Zijn broer Piet Sanders realiseerde zich ook dat hij met de schrik was vrijgekomen, stuurde de naaisters naar huis en sloot de kleermakerij voor onbepaalde tijd af. Anton ging snel naar het met Cocky afgesproken adres en dankte onderwijl God en alle heiligen dat ze hem de gesel van de Gestapo hadden bespaard.

Nu vrijwel iedereen binnen hun verzetsclub was opgepakt of doodgeschoten en het voor Cocky en Anton niet langer mogelijk was onder de dekmantel van de kleermakerij te opereren, kwam de oorlog voor de twee machteloze verzetsstrijders nu tot een catharsis. Ze konden niet langer over de riante inkomstenbron van de kleermakerij beschikken en de aanvoer van zwartemarktgoederen stagneerde. De woning aan de Breitnerstraat was gebrandmerkt en ze moesten zich van het ene naar het andere schuiladres verplaatsen. Bovendien werden ze nu ook afhankelijk van de Landelijke Organisatie voor Hulp aan Onderduikers. De timing kon niet slechter, want de meest barre en schrale winter denkbaar was in aantocht.

De familie was stomverbaasd toen ze in 2014 ontdekten dat Cocky en Anton zelf ook ondergedoken hadden gezeten onder dreiging van een mogelijke arrestatie, deportatie of liquidatie. Daarover was nooit met enig woord gerept. Tot voor kort was het daarom een groot raadsel waar ze naartoe waren gevlucht of bij wie ze schuilden. Gelukkig ontdekte ik toch een aantal aanknopingspunten waarmee ik mijn onderzoek over hun onderduikperiode kon voortzetten, zoals naoorlogse dossiers en briefwisselingen en enkele wapenfeiten die de zus en dochter van Cocky zich konden herinneren.

De verzetsgroep waar de Sanders' zich mee omringden, zal direct op de hoogte zijn gebracht over wat zich die sinterklaasmiddag had voltrokken en Cocky en Anton zullen meteen door hun eigen mensen zijn opgevangen en ondergebracht op een veilig schuiladres.

Jeanne heeft ooit tegen mijn moeder gezegd dat Cocky de laatste oorlogskerst een week bij hen op de boerderij in Midden-Delfland heeft gezeten, maar dat 'het bloed kroop waar het niet gaan kon' en ze na nieuwjaarsdag alweer op de fiets sprong en stadwaarts vertrok met een zak etenswaren op de bagagedrager.

Mijn moeder herinnert zich een ander voorval dat licht werpt op een onderduikadres. Toen Cocky met haar jonge kinderen Monique en Paul ergens begin jaren zestig naar de tandarts ging aan de Mathenesserlaan, wees Cocky naar een groot herenhuis aan de Heemraadssingel en vertelde ze dat 'voordat jullie geboren waren, je vader en ik nog een paar weken bij een doktersvrouw hebben gewoond. Een hele aardige mevrouw. Een prachtige woning.'

Dat was bij Monique altijd blijven hangen, want telkens als ze in de jaren erna voorbij die statige woning reed, moest ze aan die opmerking denken. Het kan niet anders dan dat dit de woning van dokter Quartero moet zijn geweest die in dit luxe herenhuis samen met zijn vrouw, dochter Bertha, drie honden en twee bediendes op nummer 223 woonde. Niet alleen was de vermogende arts een huisvriend van het stel, ook zegt Anton in zijn dossier: 'Onder leiding van dokter en röntgenoloog Quartero zorgden we ervoor dat Joden en onderduikers ongeschikt werden verklaard voor deportatie naar werk- en concentratiekampen, door ze ziek te maken.'

Bovendien schreef Anton in een van de dossiers dat de dochter van de dokter, Bertha – Ted – Quartero 'een tijdje bij ons ondergedoken heeft gezeten'. Dus het zal niet verbazen dat daar een wederdienst tegenover stond.

Deze dokter Bap Quartero was een opmerkelijk figuur. Hij was een vermaard röntgenoloog aan het Sint-Franciscus Gasthuis, hield er allerlei exclusieve hobby's op na – hij was valkenier en fokte dure rashonden – en deelde met Anton zijn hang naar decadentie. Begin november 1944 werd hij ineens ernstig ziek van een infectie die hij via een van zijn patiënten had opgelopen en hij overleed op 16 november, drie weken voordat Cocky en Anton er verbleven. Dat moeten Cocky en Anton hebben geweten. Het stel dook na 5 december dus onder bij een familie die nog in rouw was gedompeld. De keuze voor dit eersteklas onderduikadres was een opmerkelijke, aangezien het hoofdkwartier van de Sicherheitsdienst zich precies tegenover de woning bevond en de Außenstelle, het bijkantoor, een paar huisnummers ernaast.

Het kan niet anders dan dat Cocky en Anton in de avond van 21 december het kabaal van de overval op de Außenstelle gehoord moeten hebben; de kogels vlogen er in het rond. Zoals eerder genoemd, had de Sicherheitspolizei twee dagen daarvoor ook de zoon en dochter van LO-districtsleider Tjerk Elsinga opgepakt en de LKP voelde het als een erezaak om de kinderen van de Grote Baas uit handen van de Duitsers te redden. Daarnaast wilden ze meteen ook de archieven van de Außenstelle met vuurpotten vernietigen. LKP-Rotterdam-aanvoerder Marinus – Rob – van der Stoep wilde zo veel mogelijk Duitsers uitschakelen en zelfs mortieren inzetten.

De overval ging faliekant mis. Alhoewel een Duitse bewaker werd gedood, zorgde eigen vuur van de verzetsmannen voor drie ernstig gewonden binnen de gelederen, maar die wisten wonderwel te ontkomen. Voor Marinus van der Stoep was het een enorm debacle want het was tevens zijn debuut als commandant van de Rotterdamse Binnenlandse Strijdkrachten. Tjerk Elsinga was kapot van verdriet omdat ze zijn kinderen niet wisten te bevrijden. De Duitsers waren furieus over de overval en fusilleerden de volgende dag negen mannen op de schietbaan in Kralingen.

Maar Cocky en Anton vluchtten de volgende dag om heel andere redenen de woning van de Quartero's uit. Toen de Sicherheitsdienst ontdekte dat wijlen de dokter een grote hoeveelheid valse diagnoses had gesteld en zijn dochter Bertha, die medicijnen studeerde en in het Sint-Franciscus Gasthuis assisteerde, ook verdacht, werd zij direct opgepakt en naar kamp Ravensbrück gestuurd. De doktersvrouw die toen nog wel over een telefoonverbinding beschikte, kreeg dat alarmerende telefoontje net voordat de Sicherheitsdienst haar woning binnenviel. Zodoende kropen Cocky en Anton opnieuw door het oog van de naald. Van de zus van Cocky weten we dat Cocky rond deze dagen zónder Anton naar de schuilboerderij van haar familie in Midden-Delfland vertrok. Maar waar was Anton op dat moment? We kunnen ons voorstellen dat de hautaine Anton er het type niet naar was om ergens in een vochtig souterrain of een bedompte schuur op het platteland het einde van de oorlog af te wachten, maar omdat hij in de binnenstad zijn leven niet zeker was, zal hij zich genoodzaakt hebben gevoeld Rotterdam te verlaten.

Op vraag 9 van de verzetsherdenkingskruisaanvraag (Hebt u een geslaagde poging ondernomen om vanuit bezet gebied geallieerd gebied te bereiken en hebt u zich aldaar zo spoedig mogelijk aangesloten bij de Nederlandse Geallieerde Strijdkrachten?) streept Anton 'Ja' door en antwoordt: 'Niet geslaagd. Naar Zuid-Brabant met Jack Koster, eind 1944.'

Zodoende kwam ik erachter dat hij een radicale beslissing had genomen. Anton had besloten om met behulp van het verzet door de vijandelijke linies naar het bevrijde zuiden te vluchten.

Het is aannemelijk dat Anton in samenspraak met kapelaan Haanen of pater Hanckx – grootleveranciers van schuiladressen en vluchtroutes – de 'Grote Baas' Tjerk Elsinga of BS-commandant Marinus van der Stoep plannen smeedde om rond kerst voor dag en dauw een zogenoemde *line-crossing*, een overgang naar bevrijd gebied, te maken over het Hollands Diep.

Deze Jack Koster aan wie Anton refereert in de verzetsherdenkingskruisaanvraag bleek in werkelijkheid Jaap Koster te zijn, uitbater van Café Koster in Klaaswaal, frontman van het dansorkest de Jack Koster Band en oprichter van de Verzetsgroep Klaaswaal.

Deze verzetsgroep gebruikte het café voor allerlei illegale activiteiten en werd in 1944 onderdeel van de Binnenlandse Strijdkrachten. De familie Koster had de supervisie over een tramlijn tussen Rotterdam en Klaaswaal en deze vervoerde niet alleen passagiers en legale ladingen, maar ook vluchtelingen en illegale spullen. Toch zou Anton niet met de tram arriveren, want naast de NS staakte ook het regionale openbaar vervoer. Maar vanwege dat tramagentschap beschikte de familie wél over een landelijke telefoonverbinding waarmee in alle hoeken van het land verbinding kon worden gelegd. Wie weet lagen er plannen klaar voor Anton en had hij nog net met de telefoon van de familie Quartero contact kunnen leggen met Koster en gevraagd of de kust veilig was om de oversteek te wagen.

In de dagen dat Anton in Hoeksche Waard aankwam, werden er meer dan veertig mensen opgevangen door de familie Koster. De Verzetsgroep Klaaswaal was toen al ruim een jaar actief in het opsporen van 'foute Nederlanders' en bij de ondersteuning van de geallieerden die zich aan de overkant van het Hollands Diep bevonden. Jaap – Jack – Koster leidde er een grote groep verzetsmensen. Een van hen haalde in 1995 in de lokale krant *De Dordtenaar* herinneringen op:

> Koster was een vastberaden, gesloten en zelfverzekerde man. Hij gaf een opdracht en zei dan: niet vragen, mond dicht en opdracht uitvoeren. Veel leden van de verzetsgroep kenden elkaar niet. Dat was de grote kracht van hem: als je werd gepakt kon je niets vertellen.

Het café aan de Rijksstraatweg bleef tot het einde van de oorlog de commandopost van de verzetsgroep en werd gebruikt voor de opslag van wapens en het oefenen met houten wapens. Onder de vloer was een schuilplaats voor Joden, terwijl de Duitsers erboven bier dronken. Koster had ook een telefoonlijn aangelegd tussen het café en de haven van Numansdorp, aan de andere kant van de rivier. Daardoor kon het verzet troepenverplaatsingen en geschutstellingen aan het vrije Brabant doorgeven en crossings coördineren van vluchtelingen en geallieerde vliegers die na een noodlanding uit handen van de Duitsers moesten zien te blijven.

Wekelijks probeerden tientallen mensen eind '44 de tocht over het Hollands Diep te maken. Anton moet door Koster en Verzetsgroep Klaaswaal op voorhand zijn gewaarschuwd dat het een levensgevaarlijke en barre tocht zou worden die velen niet overleefden. Maar Anton stond met de rug tegen de muur, want boven de rivieren waren de Duitsers op jacht naar hem, dus zal de allesbehalve geharde kleermaker zich goed voorbereid hebben: van top tot teen in het leer gestoken, een zwemvest, winterbaret en een paar stevige rubberen laarzen aan. Of hij ook een wapen droeg, betwijfelen zijn nazaten, 'daar was hij het type niet naar'.

In 1946 verscheen in het verzetsblad *De Zwerver* een verslag dat zich ook precies rond kerst van 1944 afspeelde tijdens een gevaarlijke overgang van Hoeksche Waard via het eiland Tiengemeten naar Willemstad. Het verhaal leest als een thriller en schetst tot in detail hoe een crossing tijdens de ijskoude kerstochtend van 1944 misging. Het artikel verscheen opnieuw in 1965 in de lokale krant *Nieuwsblad voor de Hoeksche Waard, IJselmonde en Putten*, oftewel het 'Hoekschewaardje' en is nog jarenlang door betrokkenen besproken en geanalyseerd. Het relaas schetst een helder beeld van wat ook Anton moet hebben meegemaakt tijdens zijn vlucht door de linies in diezelfde week, waarover hij schreef dat die 'niet geslaagd' was.

Als we met een beetje inlevingsvermogen hoofdpersoon 'Ben' in het artikel over de crossing van eind 1944 vervangen door 'Anton', krijgen we een aardig idee van wat hij moet hebben meegemaakt. Onderstaand relaas is een ingekorte versie van het oorspronkelijke verhaal:

> Wanneer een groep mannen rond vier uur op kerstochtend vertrekt, is het ijskoud en miezert het – 'een koude mist rolt op de

adem van de Oostenwind over het Haringvliet'. De groep bestaat uit enkele Nederlanders, een Belg, Britse piloten en een paar gidsen. Als ze met roeispanen in de hand uit een boerderijschuur vertrekken en naar de oever lopen, is de grond bevroren en klinken de voetstappen hol in de nacht. Dan sluipen ze door de berm en moeten door zo'n zeshonderd meter overstroomd gebied waden. 'Het water staat er niet hoog, maar de doordringende kou trekt op tot in de liezen.' Daarna waden ze door een stuk moeras waar het 'ijs als glassplinters onder de laarzen uiteenspringt'. Maar na een half uur stoppen de voorste mannen plots en zoeken dekking in het riet: een Duitse patrouille verderop. De groep buigt meteen af want een confrontatie met de Duitsers is geen optie, slechts drie van hen hebben een bruikbaar pistool. De Duitsers horen het geroezemoes, roepen 'Halt!' en beginnen in het wilde weg te schieten. 'Anton' hoort de kogels vliegen en ziet de groep alle kanten op vluchten. Voor zijn voeten ploft de eerste medevluchter dood neer. 'Anton' zwenkt er razendsnel omheen, jaagt door het moerassige weiland, struikelt over een bevroren molshoop, smakt tegen de grond, krabbelt vliegensvlug weer overeind, maar moet opnieuw dekking zoeken als karabijnschoten de donkere lucht doorklieven. Ineens is hij helemaal alleen. Dan zweven er plots lichtkogels hoog boven hem waardoor het donkere, bevroren moeras helder oplicht. 'Anton' houdt zich gedeisd in het struikgewas en heeft geen idee waar de rest van de groep zich bevindt. Wanneer de kogels weer stoppen en de gele lichtballen boven z'n hoofd doven, rent hij verder richting kreupelhout. Hij valt zijn handen kapot op de harde grond, dan 'duikt hij weer in een kleffe brij, waarop de dunne ijslaag tinkelend uiteenspat'. 'Anton' haalt piepend adem. Dan ziet hij een dijk en zo snel zijn longen het toelaten, rent hij naar de rietzoom, maar struikelt in een dikke modderpoel, waarin hij tot aan zijn middel komt vast te zitten. De modder zuigt aan z'n laarzen en laat hem niet los. Hij wringt en rukt, buigt het lichaam voorover, grijpt met de handen bossen rietstengels en kreunt als een gewond dier. Dan schiet z'n ene been uit de laars en kan hij zich omhoog wringen. Goddank. Rietstengels kraken, ijskragen tingelen en hij wringt, plonst en ploetert zo snel hij kan door de rietkraag. Dan hoort hij in de verte weer een mof die hem gehoord moet hebben. Opnieuw gieren de kogels 'Anton' over 't hoofd die in de zompige grond ploffen. Hij houdt zich muisstil en ploetert dan weer door. Het riet houdt op. Een kale vlakte strekt zich voor hem uit. En op die vlakte ziet hij iemand staan. Het moet een medevluchter zijn. Hij roept zachtjes. De man schrikt, maar komt naderbij als hij Hollands hoort. Het blijkt een van de gidsen te zijn die nu ook de weg niet meer weet. Ze moeten terugkeren naar de boerderijschuur, besluiten ze. Met z'n tweeën snellen ze over de vlakte naar een volgende rietstrook. 'Anton' is aan het einde van zijn Latijn en loopt op een laars en een blote voet, want ook zijn sok is in de laars blijven zitten. 'De harde grond rijt hem de voetzool open, stoppels dringen hem in het vlees en de vrieskou bijt in de open wonden. Maar hij moet voort, want spoedig zal het dag zijn en op dit open land zullen ze zeker ontdekt worden.'

In het oosten breekt de dag open en 'een oranje bol rijst in de hemel en tovert de riet-woestenij om in een veld van gouden pluimen'. Nog steeds klinken er schoten in de verte en een enkele keer horen ze ver weg weer iemand 'Halt!' roepen. De mannen luisteren in hun natte kleding naar motorvoertuigen aan de andere zijde van het Hollands Diep, waar de onbereikbare vrijheid lonkt.

Kleumend zoeken ze zich een weg. 'Anton' heeft zijn das om z'n voet gebonden om nog enige bescherming te hebben, maar die bevriest algauw en hangt als een vormloze klomp aan z'n been. Terwijl hij granaten hoort exploderen in Willemstad, denkt hij aan 'Cocky' en vraagt zich af hoe zij kerstochtend beleeft. De twee mannen raken met het uur verder uitgeput. Ze kunnen elkaars tanden horen klapperen. Uit de neergetrokken mondhoeken loopt het kwijl hun langs het grauwe gezicht. Hun jaspanden zijn als reusachtige zwarte vlerken, die moeizaam hun bewegingen volgen. Het is een hel. En het duurt een eeuwigheid. Maar dan zien ze een uitweg. Ze zien de schuur.

Anton zal van Jaap Koster en Verzetsgroep Klaaswaal uren later hebben gehoord hoe honderden Duitsers achter hen aangezeten hebben, dat er medevluchters gepakt waren, anderen doodgeschoten en een zwaargewond was achtergelaten. Dat Anton verder geen nieuwe crossing zal wagen na deze beproeving, mag duidelijk zijn. De weg naar het vrije zuiden was voor hem een doodlopende.

Moedeloos en uitgeput zal hij de kerst hebben uitgezeten op een schuiladres in Klaaswaal, maar na een paar dagen besluit hij terug te keren naar Rotterdam.

Maar waarom terug naar die hel?

Hoe zou Anton de misère van de havenstad weer tegemoet zijn getreden? Zou hij inmiddels al een flinke baard hebben laten groeien zodat hij onherkenbaar is voor de Duitsers? En waarom verliet ook Cocky het relatief rustige platteland en zocht ze opnieuw de zwaar geteisterde stad op aan het begin van 1945?

Toen Cocky rond 2 januari de boerderij in Midden-Delfland verliet en Rotterdam vanuit het noorden weer naderde, kwam Anton rond dezelfde tijd vanuit het zuiden de stad weer binnen. Cocky en Anton zullen vanuit beide richtingen de hongertochten – stoeten stedelingen die naar het platteland trokken voor voedsel – met lede ogen aangezien hebben. 'Wie geen goede contacten had met boeren, was ten dode opgeschreven,' schreef een Rotterdammer in zijn dagboek.

De kou en de hongersnood begonnen tegen die tijd al enorme aantallen slachtoffers te maken. Nergens in Duits bezet gebied was op dat moment de honger zo groot als in Nederland. En nergens in Nederland was het leed en de strijd zo hevig als in Rotterdam. Van heel Rotterdam waren de wijken rondom de havens er nog het slechtst aan toe. Toch keerden Cocky en Anton juist daar weer naar terug. Was het altruïsme dat hen dreef? Wilden ze zich weer nuttig maken binnen het verzet? Het uitblijven van informatie over vrienden en familie – Antons moeder en twee zussen wonen dan nog wel in de Breitnerstraat – kan evenzogoed een lijdensweg zijn geweest voor het stel en zwaarder hebben kunnen wegen dan het eigen lijfsbehoud. Hoe dan ook, beiden keerden begin 1945 terug naar Rotterdam. Hoogstwaarschijnlijk zullen ze elkaar hebben getroffen in het huis van de pater, de kapelaan of de Grote Baas Elsinga, die alle drie nog volop actief waren in het verzet.

In de aanvraag voor het Verzetsherdenkingskruis schrijft Anton in 1984 dat Cocky en hij 'na Sint-Nicolaas van '44 ook een tijd ondergedoken hebben gezeten bij de heer Niessen aan de Mathenesserlaan' en hij voegt er tussen haakjes aan toe, 'thans rechter in Dordrecht'.

Over deze meneer Niessen is weinig bekend. Hij wordt op vijfentwintigjarige leeftijd advocaat en we lezen in het *Rotterdamsch Nieuwsblad* dat hij in 1941 clementie aanvraagt voor een groep fietsendieven en later dat jaar leidt hij de aanklacht op drie inbrekers die huishoudelijke spullen ontvreemd zouden hebben. Hij wordt officier van justitie en in de jaren tachtig rechter in Dordrecht. Meer komen we niet te weten. Gezien zijn statuur zal hij wellicht ook klant zijn geweest van Anton. Van Cocky weten we dat ze op een adres aan de Mathenesserlaan voedselbonnen en levensmiddelen bezorgde bij een onderduikend Joods gezin. Was dit hetzelfde adres?

Vast staat dat de herenigde Cocky en Anton zich op hun nieuwe schuiladres en zo dicht bij hun eigen huis comfortabeler voelden en wekenlang bij de heer Niessen onderdoken.

Toch vertrok het stel begin februari alweer. Waarom is niet bekend. Hoe dan ook, teruggaan naar de Breitnerstraat was geen optie, aangezien Richter nog onverminderd huishield in de stad.

Cocky en Anton hebben ongetwijfeld opnieuw gebruikgemaakt van het verzetsnetwerk waar ze zelf actief deel van hadden uitgemaakt. Ze beschikten over bonboeken, valse persoonsbewijzen, valse medische documenten, connecties op de zwarte markt en wellicht nog over voldoende eigen spaargeld of krediet bij de invloedrijke kennissenkring. Over huisvesting en voedsel zal het stel zich geen zorgen hebben hoeven maken.

Ik kan me helder voor de geest halen dat mijn grootmoeder het dikwijls had over 'arme kindjes aan voedsel helpen in de Hongerwinter'. Die draad zal Cocky rond die tijd voorzichtig weer hebben opgepikt. Zíj werd immers niet gezocht door Richter en durfde zich weer op straat te vertonen.

Bij een van de vragen op Antons aanvraagformulier voor een Verzetsherdenkingskruis is er ruimte opengehouden voor een toelichting. Anton heeft het dan zoals eerder gezegd over 'illegaal krantjes verbergen en verspreiden', met de toevoeging dat hij deze met stapels binnenkreeg van Van Stolk en zijn vriend Jos de Groot. Vervolgens schrijft Anton dat hij en Cocky ook 'enige tijd ondergedoken hebben gezeten bij Jos de Groot, aan de Westerstraat'. Dat moet begin februari 1945 zijn geweest.

Deze Jos de Groot speelde een omstreden rol binnen het verzet. Hij vertrok als zeventienjarige na het grote bombardement van Rotterdam naar Amsterdam om er in de confectie aan de slag te gaan. Drie jaar later rolde hij het verzet in en kwam vanwege zijn onbevreesde inborst al snel bij diverse Noord-Hollandse knokploegen terecht die gewapende overvallen pleegden. Begin 1944 sloot hij zich aan bij de knokploeg van Leendert – Bertus – Valstar, Groep Alkmaar. Hij ontkwam ternauwernood bij een overval op het Amsterdamse Huis van Bewaring. Daarop keerde hij terug naar Rotterdam waar hij een eigen knokploeg vormde met twaalf metgezellen: Ploeg Jos. Deze knokploeg was niet verbonden aan de LKP, maar moest voor een kraak of overval wel toestemming vragen aan LKP-Rotterdam, de knokploeg van Samuel Esmeijer. Het moet in deze periode zijn geweest dat Jos de Groot zich steeds meer als een ongeleid projectiel begon te gedragen. Nadat Ploeg Jos een aantal succesvolle overvallen had uitgevoerd op diverse politiebureaus en distributiekantoren, werd hem toegestaan zich alsnog aan te sluiten bij de LKP van Esmeijer, maar dat wekte wrevel. Ploeg Jos wilde alleen in actie komen onder voorwaarde van ruime bonussen. Dat vond de integere Esmeijer maar niets, maar hij stemde er toch mee in. Na een overval bleek Ploeg Jos boven op de toegezegde bonus een bedrag van negentigduizend gulden te hebben verdonkeremaand. Dat leidde tot nadrukkelijk protest van allerlei verzetsmensen, maar niemand wist Jos de Groot nog in toom te houden. Tegen de tijd dat de Hongerwinter aanbrak, waren eervolle verzetsleiders als Esmeijer en Valstar al vermoord en begon Ploeg Jos zich steeds meer als een groep gangsters te gedragen. De knokploeg ging zo agressief te werk dat de leiding van de LKP dat meermaals nadrukkelijk afkeurde. De Groot ontpopte zich tot een soort maffiabaas en had door heel de stad schuiladressen waar ze de buitgemaakte waar opsloegen en onderduikers huisvestten.

Hoogstwaarschijnlijk waren Cocky en Anton via de Grote Baas Tjerk Elsinga op het schuiladres van Jos de Groot terechtgekomen aan de Westerstraat, want de twee laatstgenoemden kenden elkaar goed en werkten nauw samen. Op een van de schuiladressen van Jos de Groot voltrok zich niet veel later een gruwelijk tafereel dat tot lang na de oorlog zou weerklinken.

16

Catharsis

Nadat Cocky en Anton begin januari 1945 weer herenigd waren in de Rotterdamse binnenstad en van het ene naar het andere schuiladres trokken, kwam Anton nauwelijks nog buitenshuis en verzonk in een apathische lethargie.

Cocky moet de muren al snel op zich af hebben zien komen toen haar echtgenoot met de dag nukkiger werd. Aangezien zij, in tegenstelling tot Anton, níét door de Duitsers werd gezocht, voelde ze zich al snel geroepen haar rantsoenrondes te hervatten.

Zoals gezegd vertelde oma Cocky mij in de jaren tachtig meermaals dat ze arme gezinnen aan voedsel en voedselbonnen had geholpen tíjdens de Hongerwinter. Klaarblijkelijk kon ze het zich permitteren noodlijdende mensen onder die erbarmelijke omstandigheden nog te blijven helpen.

De hulp aan onderduikers was van levensbelang, want niet de kogels, bommen en granaten maakten nu de meeste slachtoffers, maar de arctische kou en het gebrek aan voedsel, zorg en brandstof. Misschien hervatte Cocky haar rondes aanvankelijk te voet, maar waarschijnlijk beschikte ze al snel weer over een fatsoenlijke fiets van het verzet. Wie weet kreeg ze ook een persoonsbewijs waarop 'verpleegster' stond, een wit uniform met een rood kruis en een fietsvergunning voor zorgmedewerkers, wat niet ongebruikelijk was onder fietskoeriersters.

Anton had haar niet ontmoedigd weer op pad te gaan, want door de verzetsactiviteiten te hervatten kon ze niet alleen de hulp aan 'haar' onderduikers voortzetten, het echtpaar bleef ook beter geïnformeerd over de laatste ontwikkelingen en beschikte weer over wat proviand van de zwarte markt waardoor ze zichzelf ook beter in leven konden houden.

Tijdens de Hongerwinter waren er nog wel rantsoenbonnen in omloop, maar er viel nauwelijks nog rantsoen voor te krijgen. Cocky's smokkelwaar bestond naast de geheime berichten die ze rondbracht, geregeld uit wat aardappelen, een bloemkool, wat bloem of een ei.

Wanneer jaren na de oorlog tijdens familieverjaardagen het woord 'hongerwinter' valt – dikwijls om de jongere, verwende generaties erop te wijzen hoe goed ze het wel niet hebben – slaat Cocky's stem weleens over wanneer ze zich laat ontvallen, 'Wat mensen elkaar niet aandeden, vreselijk! Ze stonden elkaar naar het leven om een appel!'

De honger, vrieskou en liquidaties, de strooftochten, bomexplosies en de radeloosheid onder de stadsgenoten; de zachtaardige Cocky zag de stad in een heksenketel transformeren. Niets functioneerde nog naar behoren. Nergens werd nog vuil geruimd. De ijskoude binnenstad lag plat en raakte, op wat dolende, uitgemergelde zielen na, steeds verder uitgestorven. Rotterdam was tot een spookstad verworden.

Zelfs de publieke gaarkeukens waren niet langer in staat maaltijden uit te delen. Nu vrijwel alle landbouwgrond in de nabijheid van de stad kaalgegraasd was, kwamen de lange en barre hongertochten op gang. Vanaf nieuwjaar tot eind februari 1945 waren er dagelijks meer dan vijftigduizend Rotterdammers onderweg van en naar het platteland, terwijl de afstanden om nog ergens voedsel bij elkaar te scharrelen steeds langer werden. Maar het dagenlang door de sneeuw ploeteren verergerde de honger en dan was het nog maar de vraag of je al iets kon vinden. Aardappelen, granen en peulvruchten raakten op, alleen kool, wortels, suikerbieten en bloembollen waren nog in kleine porties verkrijgbaar. Ondertussen raakte Rotterdam door het Duitse militaire defensieve apparaat steeds verder geïsoleerd. Voedsel kon de stad niet meer bereiken en doordat grote gebieden onder water gezet waren, werd het steeds lastiger de hongertochten te ondernemen. Eendaagse tochten werden lopend, met een bakfiets of oude kinderwagen ondernomen, meerdaagse tochten met een aftandse fiets die nog niet door de Duitsers in beslag was genomen. Dagelijks zakten tientallen voedselmigranten in de vrieskou ineen en slaagden er niet in terug te keren naar Rotterdam. Degenen die het wel redden, stierven alsnog door uitputting, honger of griep. Het leven in Rotterdam werd steeds primitiever. Cocky zag mensen in de straten roepen om wat voedsel, terwijl ze hun laatste adem uitbliezen. Ze zag honderden stedelingen als dolle honden kolenopslagen, winkels en bakkerskarren plunderen, keurige mensen veranderden in uitgehongerde dieven die elkaar beroofden om wat brood. Zelfs honden en katten moesten eraan geloven; volgens naoorlogse ramingen werd minstens een op de vijf huisdieren opgegeten. Over en weer werden in de straten mensen standrechtelijk geëxecuteerd, terwijl moorden niet langer werden bestraft bij gebrek aan politioneel gezag. Ondertussen intensiveerde het Duitse schrikbewind, namen de razzia's toe en werd vrijwel alles wat de oorlogsmachine voedde in beslag genomen.

De zwarte markt was voor de meesten toen al onbetaalbaar, alleen de steenrijken en nietsontziende criminelen wisten er nog profijt van te trekken, dikwijls over de ruggen van eenvoudige mensen.

Opmerkelijk is dat Cocky later zal zeggen zelf nooit echt honger te hebben geleden, maar dat ze het 'goed genoeg hadden om anderen te helpen'. Het is niet onaannemelijk dat Anton op zijn ijskoude schuiladres nog geld zat te tellen en de stapeltjes briefgeld snel zag slinken. Mocht hij nog kunnen beschikken over dure maatpakken als ruilvaluta, dan zouden ze van zijn duurste creaties hooguit nog een paar dagen hebben kunnen eten. Voor een mud (zeventig kilo) tarwe betaalde je al snel zo'n drieënhalfduizend gulden, een zakje suiker of wat petroleum: vijftig gulden. De prijs van een pond vlees steeg met de dag en liep in de honderden guldens, een brood kostte al snel tientallen guldens en een mud aardappelen bijna vijfhonderd gulden.

'De mensen aten suikerbieten en tulpenbollen,' vertelde Cocky mij, maar voegde daar dan aan toe zelf nooit één bloembol te hebben gegeten. Ze hielp mensen wel aan wat bloem waarmee met de pulp van bloembollen, 'bietenbrood of bietenkoeken gemaakt kon worden'.

Op alle schuiladressen die Cocky bezocht, zaten onderduikers als hongerige kuikens te wachten tot ze wat kruimels kwam brengen. Buiten zag ze 'uitgemergelde kinderen op blote voeten door de sneeuw bedelend langs huizen gaan'.

De verzetsgroepen realiseerden zich goed dat ze koeriers als Cocky op de been moesten houden met voedsel, want zonder hen was de stad ten dode opgeschreven. Het is niet ondenkbaar dat Cocky ook talloze andere fietskoeriersters leerde kennen die zich aansloten bij de verzetsgroepen van Tjerk Elsinga en Jos de Groot. Soms zal het schema van de ene koerierster met dat van een andere hebben overlapt en troffen ze elkaar op de geheime adressen vanwaar de berichten en smokkelwaar vervoerd moesten worden. Het is hoogstwaarschijnlijk dat Cocky ook de beeldschone Kitty van der Have heeft leren kennen, die zich als koerierster in dezelfde kringen bewoog als Cocky.

Alle Rotterdamse koeriersters werkten direct of indirect voor de Commandant van het Strijdend Gedeelte der Binnenlandse Strijdkrachten in Rotterdam, Marinus – Rob – van der Stoep. Deze zevenentwintigjarige commandant werd leider van LKP-Rotterdam nadat Samuel Esmeijer was gedood en kraakte diverse distributiekantoren en liquideerde collaborateurs. Voordat hij begin 1945 door de linies heen naar Engeland wist te reizen om er strategische plannen met prins Bernhard en de legerleiding in ballingschap te smeden, stuurde hij eerst enkele fotografen de stad in om de Rotterdamse misère en de deplorabele staat van haar inwoners vast te leggen.

Een van de fietskoeriercollega's van Cocky beschreef in haar dagboek wat een van de fotografen aantrof. 'Een van onze jongens, die voor Van der Stoep foto's van huishoudens moest maken, vertelde me dat hij in huizen kwam waar ze totaal onverschillig waren geworden en als verdoofd de dood afwachtten. De gehele huisraad en vloerbekleding was in de allesbrander verdwenen. Sommige bewoners waren al zo vel over been dat ze haast niet meer konden staan. Hij kwam zelfs in huizen waar lijken lagen te ontbinden.'

Volgens de medische wetenschap neemt als gevolg van ondervoeding de traagheid toe, wordt lopen moeilijker, blijft men in bed liggen en neemt de eetlust af. Daardoor merkt de hongerzieke niet dat hij honger heeft en raakt volkomen lusteloos totdat de dood intreedt.

Bij gebrek aan warm water en zeep was ook de hygiëne ver te zoeken. Kleding, ondergoed en beddengoed werden niet meer gewassen, huizen niet meer gelucht omdat het buiten steenkoud was en het binnenshuis niet langer warm te stoken was. Mensen kropen bij elkaar in bed waardoor luizen en vlooien zich snel vermenigvuldigden en besmettelijke ziekten als schurft, difterie, de ziekte van Weil en cholera zich ongehinderd konden verspreiden.

De stad en haar bewoners gleden zo stap voor stap de totale ondergang tegemoet. Van der Stoep begreep goed dat beelden meer zouden zeggen dan woorden, als hij in Londen voor meer wapens, munitie en explosieven zou pleiten. Dat miste zijn effect niet. Van der Stoep werd toegezegd waar hij om vroeg. Nadat hij terug was in Rotterdam kwamen de arsenalen met bakken uit de lucht vallen, waarna zijn knokploegen ze op afgesproken plekken in de periferie van de stad voor dag en dauw oppikten.

Voedsel had inmiddels de allerhoogste prioriteit, dus ging de tot de tanden toe gewapende knokploeg Van der Stoep over tot het kraken van illegale pakhuizen, loodsen en voedselfabrieken. Zijn verzetsgroep pleegde tijdens de Hongerwinter zo'n 120 overvallen waarbij ze buitengewoon veel levensmiddelen buitmaakte en wist daarmee honderden Rotterdammers te behoeden voor de hongerdood. Maar voor veel Rotterdammers bleef voldoende voedsel buiten bereik, waardoor het aantal sterfgevallen drastisch steeg.

Een Rotterdammer noteerde in zijn dagboek dat in 'januari en februari de buurtbewoners elkaar nog hielpen, maar in maart en april werden de meeste onverschillig, aangezien iedereen genoeg had aan de eigen ellende en daardoor afgestompt raakte'.

De trauma's stapelden zich op voor Cocky. Toen de mentale vermogens van Cocky eind jaren tachtig afnamen, hoorden we haar dikwijls uit het niets onbegrijpelijke dingen roepen die betrekking leken te hebben op de oorlog. Zonder aanleiding begon ze dan ineens te jammeren en hoorden we haar namen roepen waar niemand ooit van had gehoord. Zag ze de oorlogsellende weer aan haar geestesoog voorbijtrekken?

Ondertussen raakten de omringende landen inmiddels geleidelijk aan op de hoogte van het nijpende voedseltekort in West-Nederland. Zwitserland, Zweden, Spanje en Portugal wilden schepen met voedsel sturen, maar de Duitsers weigerden alle zeeschepen in de Rotterdamse havens. Pas rond 20 februari arriveerden enkele binnenvaartschepen met voedsel en vond de distributie van kleine porties eten plaats: een brood, wat margarine en havermout. Het was een druppel op de gloeiende plaat. In maart en april kwamen er zo'n vierhonderd Rotterdammers per week om van de honger.

Ook de moraal en compassie verdwenen. Niemand vertrouwde elkaar nog en niets was nog veilig. Brood moest onder politie-escorte vervoerd en uitgedeeld worden, boeren durfden hun koeien, schapen en varkens niet meer in de wei te laten lopen. Een Rotterdamse arts noteerde in zijn verslag dat de 'jacht op voedsel door de sterke drang tot zelfbehoud zo groot was dat de grens tussen mijn en dijn volledig verdampte'.

Een Rotterdamse jurist stelde in een naoorlogs rapport over criminaliteit tijdens de Hongerwinter vast dat de economische misdaad een enorme vlucht nam terwijl zedenmisdrijven juist afnamen. Die daling was het gevolg van het gebrek aan alcoholische dranken, de futloosheid wegens voedselgebrek en gebrek aan cafés en uitgaansgelegenheden. Het aantal inbraken steeg van zo'n honderdvijftig per maand aan het begin van de oorlog, naar bijna zesduizend tegen het eind.

Terwijl het gezag van de politie slonk, groeide de georganiseerde misdaad uit losgeslagen verzetsgroepen en zwartemarkthandelaren op de puinhopen van de stad, aangezien de politie te weinig mankracht had en het de Duitsers steeds minder kon schelen wat de Rotterdammers elkaar wensten aan te doen, zolang het de bezetting maar niet ondermijnde.

Van inbraken en gewapende overvallen werd vaak gezegd dat het om een verzetsdaad ging, terwijl het in wezen steeds vaker zelfverrijking betrof. De ploeg van de eerdergenoemde Jos de Groot, bij wie Cocky en Anton rond die dagen ondergedoken zaten aan de Westerstraat, was er zo een. Hij en zijn groep afficheerden zich weliswaar met de Landelijke Knokploegen, maar stalen alles wat los en vast zat. De Binnenlandse Strijdkrachten en de LKP-Rotterdam waren daar fel op tegen: 'Wie één cent kraakte te eigen bate, kon de kogel verwachten.'

LKP-Rotterdam van Marinus van der Stoep werd tijdens de Hongerwinter de machtigste gewapende verzetsgroep en werkte intensief samen met de Raad Van Verzet, waar de vriend van Cocky en Anton 'jeneverman' Eduard Hoogeweegen het steeds meer voor het zeggen kreeg, en de Landelijke Organisatie voor Hulp aan Onderduikers van districtsleider Tjerk Elsinga, de 'Grote Baas' voor wie Cocky het meeste fietswerk moet hebben verricht.

Op 19 februari werd een Nederlandse SS'er ter hoogte van het postkantoor op de Coolsingel door het hoofd geschoten. Niemand wist precies door wie, maar de Duitsers reageerden met ijzeren vuist. De volgende ochtend werden tien arrestanten uit de gevangenis van de Haagseveer op diezelfde plek gefusilleerd en hun lijken moesten een dag blijven liggen. Als Cocky ze zou hebben zien liggen, zou ze het gebrekkige Nederlands op het kartonnen bord dat erbij lag hebben kunnen lezen:

Deze 10 wegens illegaal werk gearresteerde personen zijn als vergelding wegens moordaanslag op een Nederlandse SS-man van de Sicherheitspolizei doodgeschoten.

Cocky stak na de oorlog haar walging over 'al dat moorden' nooit onder stoelen of banken, als ze er met familieleden over sprak. 'Iedereen kon wel tegen de muur worden gezet.'

Een paar dagen later schrok de binnenstad opnieuw op van een represailleactie: twintig lijken lagen naast elkaar op het Hofplein als vergelding voor de moord op een Oberwachtmeister die op 9 maart door de LKP op het Hofplein was doodgeschoten. Even later lagen er weer twintig lijken op de Pleinweg als represaille voor een doodgeschoten SS'er en officier van de Sicherheitspolizei.

Marinus van der Stoep wilde met zijn LKP nog harder terugslaan en tachtig Duitsers omleggen. Maar toen op 8 maart door heel Nederland in totaal 263 personen werden gefusilleerd na een aanslag op de SS-officier en leider van de politie Hanns Rauter, realiseerde hij zich dat daardoor de boel alleen maar verder zou escaleren. Dus liet zijn ploeg steeds vaker Duitsers en collaborateurs geruisloos verdwijnen, zodat de nazi's niet wisten door wie en waar iemand uit de weg was geruimd.

Op 18 maart 1945 schrok Rotterdam rond kwart over zeven in de ochtend wakker van een van de zwaarste explosies die tijdens de hele oorlog in Rotterdam te horen was. Vanaf Pernis en Delft werden V1's gelanceerd richting geallieerd gebied; vliegende bommen die grote afstanden konden afleggen en vanaf duizend meter hoogte, met zeshonderd kilometer per uur en een hoogexplosieve springkop van achthonderdvijftig kilo een enorme ravage aanrichtten. Maar deze V1 met bestemming Antwerpen was vlak na de lancering in Delft al gaan haperen en legde een woonblok in Blijdorp in de as. Vierendertig woningen werden verwoest, tachtig zwaar beschadigd, er vielen tweeënveertig doden en achtenveertig gewonden van wie tien ernstig.

Een Rotterdamse dokter noteerde in zijn dagboek: 'Telkens hoort men die projectielen afschieten en dan is iedereen even stil om te horen of de V1 soms hapert en in de omgeving neerkomt. Pas wanneer het projectiel doorvliegt, durft men weer adem te halen.'

Het is niet exact bekend waar Cocky en Anton die ochtend ondergedoken zaten. Het kan zijn bij Jos de Groot in de Westerstraat op anderhalve kilometer van Blijdorp vandaan ofwel bij de advocaat Niessen aan de Mathenesserlaan, op enkele honderden meters van de inslag. In het laatste geval zullen ze het enorme kabaal en de seismische schokken van die V1-donderslag ongetwijfeld gehoord en gevoeld hebben. De Duitsers weten de catastrofale losse flodder aan een lokale gasexplosie.

Bijna twee weken later werd een majoor der Ordepolitie door de LKP op straat doodgeschoten. Vier dagen later hoorde Cocky van weer een vergeldingsactie, waarbij twintig mannen onder aan de Oostzeedijk door een uit veertig man bestaand peloton van de Ordnungspolizei werden gefusilleerd. Na de oorlog is op deze plek een herdenkingsmonument geplaatst waar Cocky met een van haar kinderen regelmatig een bloemetje neerlegde, waaruit valt op te maken dat ook tussen deze slachtoffers hoogstwaarschijnlijk een bekende moet hebben gezeten.

Eind maart beraamde het verzetsnetwerk waar ook Cocky zich in bewoog een overval op de *Abwehr-Dienststelle* – de Duitse inlichtingendienst – die nog maar net naar de Oudorpweg in Kralingen was verhuisd. In dit pand zouden lijsten aanwezig zijn van leidende figuren van de Binnenlandse Strijdkrachten en van Duitse spionnen die in het bevrijde zuiden inlichtingen verwierven. De overval werd door tien man uitgevoerd in de avond van 5 april en ook de temperamentvolle leider van de Binnenlandse Strijdkrachten Marinus van der Stoep wilde tegen de veiligheidsvoorschriften in deelnemen aan de overval. Het moest een verrassingsinval worden waarbij Cocky's collega-koerier Kitty van der Have de hoofdrol kreeg. Ze was niet alleen koerierster voor het verzet, maar ook secretaresse van een Rotterdamse koopman die tevens NSB'er was. Het kantoor van deze koopman aan de Schiedamsesingel was een bolwerk van nazi's, NSB'ers en landverraders. Kitty had vernomen dat de koopman een nieuw pand voor de Abwehr in Kralingen had gefaciliteerd en speelde deze informatie door aan het verzet. Marinus van der Stoep wilde niet alleen die lijsten in handen krijgen, maar ook meteen een paar hoge nazibonzen uitschakelen. Kitty vierde op 5 april haar vijfentwintigste verjaardag, dus werd haar verjaardagsfeest aangegrepen om dat 's avonds in het nieuwe Kralingse pand samen met wat nazikopstukken, collaborateurs en de NSB-koopman te vieren. Kitty nam een platenspeler mee en kreeg van het verzet de opdracht de genodigden maar flink veel jenever te schenken. Maar Kitty was onderwijl verliefd geworden op een Duitse marinier die ze had leren kennen in uitgaansgelegenheid L'Ambassadeur. Hij kondigde aan ook naar haar verjaardag te willen komen, maar Kitty had hem dat afgeraden, aangezien er wat ophanden was waardoor hij gevaar zou kunnen lopen. Dat wekte argwaan bij de Duitser. En bij zijn meerdere aan wie hij dat doorvertelde. Die liet vervolgens twintig man extra bewaking aanrukken en een mitrailleur op het balkon plaatsen.

Om elf uur 's avonds slopen de verzetsmannen van LKP-Rotterdam richting het pand, maar ze werden in de tuin al van verschillende kanten zwaar onder vuur genomen. Een van hen viel meteen neer, de anderen vluchtten alle richtingen uit en ontdekten de volgende ochtend pas wie er was geraakt: Marinus van der Stoep. De Duitsers hadden hem met een schotwond in zijn hoofd naar het ziekenhuis gebracht in de hoop hem nog te kunnen verhoren, maar hij overleed.

Dat was een groot verlies voor het verzet. Van der Stoep had honderden mensen weten te redden van de hongerdood, het Rotterdamse verzet voorzien van wapens en was commandant van de Binnenlandse Strijdkrachten in Rotterdam en leider van LKP-Rotterdam. Iedereen wees al snel naar Kitty. Dat ze met de noorderzon was vertrokken, pleitte niet voor haar onschuld.

Of Cocky van alle details exact op de hoogte was, valt te betwijfelen. Ze liet zich niet in met Duitsers en NSB'ers en hield zich verre van wapens en geweld. Aan de andere kant ving Cocky veel informatie op en zou de loslippige Kitty haar het een en ander hebben kunnen vertellen als ze elkaar troffen op de geheime adressen van Elsinga, Van der Stoep of De Groot. Wat wel met een grote mate van zekerheid vaststaat, is dat Cocky, die zich toen dicht bij het vuur van het verzet bevond, op de hoogte moet zijn geweest van de gevolgen die de mislukte overval maanden later op Kitty zouden hebben.

17
Eindstrijd

De laatste maand van de oorlog was iedereen in Rotterdam ervan overtuigd dat de bezetting elk moment ten einde kon zijn, zelfs de Duitsers en collaborateurs. Ondanks de deplorabele toestand van de Maasstad, de hongersnood en desintegratie van wat ooit de samenleving heette, gloorde er wederom hoop aan de horizon.

Het Derde Rijk wankelde op zijn grondvesten en naderde de ineenstorting. De Sovjets wonnen terrein ten oosten van Berlijn en vanuit het westen rukten de geallieerden al op door het Rijnland. Maar hoe zou de zwanenzang van de nationaal-socialisten luiden? Zouden de nazi's blijven knokken tot de laatste man? Zou Hitler levend opgepakt worden?

In de havenstad maakte iedereen zich met zijn laatste krachten op voor de eindstrijd rondom de havens. Schuilkelders werden extra gestut, ramen dichtgetimmerd, woningen ontruimd, bunkers ingericht. Inmiddels hadden buitenlandse voedselschepen al acht keer de havens mogen aandoen, maar voor velen kwamen die te laat. De openbare gaarkeukens waren nu ook dicht, de laatste kruimels brood waren op en duizenden uitgemergelde Rotterdammers zaten thuis daas op de dood te wachten.

De goede vriend van Cocky en Anton, Kees van den Engel,

had ondertussen maanden in verschillende concentratiekampen gezeten. De fysieke martelingen in Sachsenhausen had hij minder erg gevonden dan de psychische, met name de Russisch-roulettevariant. Dan lieten ze hem op zijn knieën zitten, zetten een pistool tegen zijn hoofd, om vervolgens na enkele pijnlijk lange momenten te zeggen dat hij 'niet vandaag' zou worden neergeschoten. Daar hadden de SD-mannen telkens hard om moeten lachen. Kees was inmiddels duizend doden gestorven en op het laatst maalde hij er niet langer om of ze de trekker nu wel of niet overhaalden.

Omdat Kees in Rotterdam in een Fokker-fabriek had gewerkt, werd hij overgebracht naar een ander kamp, in Rathenau, waar hij in de Heinkel-vliegtuigfabriek voor luchtafweergeschut tewerkgesteld werd – dezelfde fabriek waar de bommenwerpers vandaan kwamen die de Rotterdamse binnenstad hadden platgebombardeerd. Totdat dat kamp op 27 april werd bevrijd door de Russen. Een paar dagen later kwam hij ronddolend in het kamp Amerikaanse officieren tegen, tegen wie hij vertelde dat hij in Rotterdam Amerikaanse piloten had geholpen. Hierop sprak een officier de geruststellende woorden: '*Well, son, you're on your way back home.*' Hij gaf Kees een speciale pas waarop stond dat hem alle hulp en assistentie moest worden verleend op zijn weg naar Rotterdam, aangezien hij neergehaalde geallieerde vliegeniers had geholpen. Met die pas in de hand begon de uitgeteerde Kees zijn reis huiswaarts.

Maar zijn bakermat had inmiddels op alle fronten de bodem geraakt. Rijkscommissaris Seyss-Inquart kon het leed in West-Nederland inmiddels niet meer aanzien en verklaarde groen licht te willen geven aan zorg- en voedselhulp en de vernielingen en represailles te willen stoppen, mits de geallieerden op afstand zouden blijven en het verzet verdere acties zou staken.

Nog dagenlang gingen de vernielingen door de Duitsers door, bleef het verzet overvallen plegen en liquideren en reageerden de Duitsers op hun beurt met represailles. Voedselleveranties en -droppings gingen het ene moment nog door, werden het volgende moment weer afgeblazen, onderhandelingen werden gestaakt, vervolgens weer voortgezet.

De Britse minister-president Winston Churchill en Seyss-Inquart kwamen overeen dat er op vrijdag 27 april tussen acht uur 's morgens en zeven uur 's avonds voedseldroppings zouden plaatsvinden ten noorden van het Kralingse Bos. 'Operatie Manna' – brood uit de hemel – bereikte uiteindelijk pas drie dagen later Rotterdam.

Iedereen tuurde onafgebroken het firmament af, van alle kanten werd hulp aangeboden, legioenen politie en Ordnungspolizei stonden paraat, bierbrouwerijen stelden personeel en paard-en-wagens beschikbaar en talloze mensen stonden klaar om de voedselpakketten in te zamelen en te verschepen via de Rotte, vanwaar ze verder werden verspreid door Rotterdam.

Cocky vertelde ooit dat ze tijdens die voedseldropping nu ook op kale en knarsende velgen met Jeanne op de bagagedrager richting de Kralingse Plaslaan fietste. 'Toen de voedselpakketten uit de lucht kwamen, was de bevrijding eigenlijk al begonnen,' zouden de zussen jaren later zeggen. Vanaf deze 30 april, twaalf dagen na haar tweeëndertigste verjaardag, de dag dat Hitler in een Berlijnse bunker zichzelf door het hoofd schoot, nemen de verhalen van Cocky over de oorlog weer wat toe.

'We waren nog nooit zó blij geweest die verschrikkelijke bommenwerpers te zien. We stonden te juichen op de Kralingse Plaslaan toen we ze zagen aankomen. We fietsten de plas rond en zagen overal magere mensen naar de lucht staren, met tranen op de ingevallen wangen.'

Ook voor de vliegeniers was het feest. Na alle vernietigende missies was het juichende volk beneden nu een verademing. Waar doorgaans de bommen in het bommenruim lagen opgeslagen, stonden nu balen Rode Kruiszakken vol met zout en suiker, aardappelpureepoeder, chocolade, gist, melkpoeder, kaas, margarine, gedroogd vlees en worst, mosterd, peper, bloem, thee en zelfs wat koffiepoeder. Totaal werd bijna vierduizend ton aan voedselpakketten ten noorden van het Kralingse Bos gedropt. Een piloot plakte een brief aan een voedselpakket.

> Aan het Nederlandse volk. Maak je geen zorgen over de oorlog met Duitsland. Het is bijna voorbij. Deze vluchten zijn voor ons een welkome verandering op de bombardementen. We zullen vaker nieuwe voedselvoorraden meebrengen. Houd de moed erin. Het beste.

Daarna kwam ook een lange stroom vrachtwagens vanuit het bevrijde zuiden op gang, het aantal zeeschepen en binnenvaartschepen nam gestaag toe, duizenden tonnen levensmiddelen werden dagelijks over rivieren, wegen en via de lucht in Rotterdam gelost. Anton waagde zich na maanden binnen te hebben gezeten, schuchter in de voorjaarszon.

Toen iemand binnen het verzet eind april meldde dat hij SD-officier Curt Carl Ferdinand Henry Richter in burgerkleding de stad uit zag vluchten (een paar weken later zou de nazisadist opgepakt worden en kort na de oorlog in Den Haag veroordeeld worden tot vijftien jaar gevangenisstraf wegens vier bewezen fusillades en martelingen in Rotterdam), besloten Cocky en Anton de woning aan de Breitnerstraat weer te betrekken. Nog geen uur nadat zij er waren aangekomen, zag Cocky de moffenmeisjes en de twee Gestapo-officieren, die al die tijd nog op 62B woonden, halsoverkop vertrekken. Cocky gooide de deur open en eiste meteen de sleutels van de woning op.

'Dat was alleraardigst van Cocky,' zou Eduard Waisvisz 74 jaar later vertellen. 'Ze reserveerde de woning zo weer voor onze terugkomst.'

Pas vier weken later zou de familie Waisvisz het schuiladres in Dordrecht verlaten en opnieuw de woning naast Cocky en Anton betrekken. Zoals gezegd, troffen ze de woning uitgewoond aan met talloze Gestapo-uniformen die nog in de kast hingen. Het zou niet lang duren, vertelde Eduard Waisvisz, totdat de Duitse vrouw van SD-officier Henke, die rond Dolle Dinsdag de woning naast Cocky en Anton al had verlaten, aanbelde bij de Waisvisz'. De moeder van Eduard verstijfde toen ze de vrouw van de voormalige Sicherheitsdienst-officier voor de deur zag staan en met een Duits accent hoorde vragen of haar zoontje het speelgoed terug zou mogen hebben dat ze maanden eerder vergeten waren mee te nemen. Want daar was hij was zo verdrietig over geworden. De moeder van Eduard kon de kille brutaliteit van de Duitsgezinde vrouw niet bevatten en gooide zonder een woord te zeggen de deur dicht.

Ook de NSB-bovenbuurman Den Haan was inmiddels uit de woning boven Cocky en Anton gevlucht en toen de Joodse familie Ivens van de begane grond de woning op 60A betrok, kreeg de Breitnerstraat iets van haar oude glans terug.

Tegen de tijd dat Cocky en Anton eind april terug waren in de Breitnerstraat en Anton en zijn broer de kleermakerij op orde brachten, werd diep in het oosten van Polen het gevangenenkamp Stalag Luft III, waar tussen de duizenden geallieerde vliegers ook de sterk vermagerde Amerikaanse piloot Jim Keeffe nog gevangenzat, bevrijd door de Amerikaanse troepen. Eindelijk kwam zijn maandenlange lijdensweg ten einde, maar hij zou pas dagen later vanuit een Franse haven naar de Verenigde Staten vertrekken.

Tot die tijd had Jim geen idee of Cocky en Anton de oorlog hadden overleefd. Op het schip dat hem naar de Verenigde Staten bracht, kwam hij officier Olsen tegen aan wie hij alles vertelde over zijn onderduikperiode in Rotterdam. Maar Olsen had slecht nieuws.

Hij was in december 1944 óók in het Haagseveer te Rotterdam gevangengezet, waar hij dokter Jappe-Alberts ontmoette. Die vertelde hem dat de Gestapo op 5 december 1944 zijn huis was binnengestormd met een brief in handen, waarvan ze zeiden dat die door Jim was geschreven. Door die brief wisten de Duitsers dat ze onderduikers hadden en was iedereen meegenomen. Jim stond perplex. Hij wist niet waar hij het moest zoeken. Hij had nooit iets bekend aan welke Duitser dan ook; die brief was vals! Hij maakte zich grote zorgen over het lot van de Sanders'.

In de eerste dagen van mei brak in Rotterdam eindelijk het moment aan waarnaar iedereen zo had uitgekeken: de Duitse capitulatie. Het lijk van Hitler was door de Russen in de Duitse hoofdstad gevonden en dat luidde de ineenstorting van het zogenaamde Duizendjarige Rijk in. Berlijn viel op 2 mei, 4 mei gaven de Duitsers in Nederland zich over, 5 mei was heel Nederland officieel bevrijd. Pas op zondag 6 mei begon het in Rotterdam te dagen dat de geallieerden nu werkelijk onderweg waren. Tegen het eind van die zondagochtend werden de eerste vlaggen en banieren uitgehangen en stroomde de Coolsingel geleidelijk aan vol met Rotterdammers. Ook daar werden rond het middaguur de vlaggen gehesen en de portretten van het koninklijk huis voor de ramen gezet. De Coolsingel raakte afgeladen met joelende mensen en ondanks de honger en de misère brak er een feeststemming los en werd voor het stadhuis luidkeels het volkslied gezongen. Radio Oranje had gemeld dat er een Engelse divisie onderweg was, maar dat bericht klopte niet, want het zou nog twee dagen duren voordat de geallieerde legereenheden over de bruggen zouden trekken.

Ondertussen betrokken leden van de Bewakingstroepen van de Binnenlandse Strijdkrachten dezelfde dag nog de burelen in het stadhuis en ze coördineerden de arrestaties van de laatste overgebleven Duitsers, 'foute' Rotterdammers en NSB'ers. Pas rond het avonduur werd officieel een einde gemaakt aan vijf jaar Duitse bezetting en de onvoorwaardelijke capitulatie getekend. De volgende middag werd oud-burgemeester Piet Oud opnieuw geïnstalleerd. Cocky, Anton, Jeanne, talloze familieleden en vrienden en duizenden Rotterdammers kwamen opnieuw samen op de Coolsingel, juichten de burgemeester op het bordes toe en luisterden naar zijn toespraak:

> Het is vandaag de mooiste dag van mijn leven. Wij allen hebben reikhalzend uitgezien naar den dag, waarop wij van deze verdrukking zouden zijn verlost. Wij verheugen ons, dat wij dezen dag hebben mogen beleven, maar wij denken met weemoed aan de velen, die dit niet met ons mogen meemaken, die op legaal en illegaal terrein een offer voor het vaderland gebracht hebben. [...] Voor de toekomst ligt een enorme taak voor ons. Wij zullen blijven bouwen op de grondslagen van vrijheid, verdraagzaamheid en democratie, onder leiding van de Koningin, omdat het Huis van Oranje door heel de geschiedenis de drager van de vrijheid is geweest.

Een uur later dicteerde burgemeester Oud zijn allereerste officiële tekst voor een aanplakbiljet dat de dag erna uitgedeeld werd en waarin een dringend beroep op de bevolking werd gedaan om orde en rust te bewaren in de overgangsperiode die nu was aangebroken en waarin nog veel honger en nood bestreden moest worden. 'Aan de Burgerij van Rotterdam – Oranje Boven! Holland is Vrij!' luidde de kop.

Op de dinsdagochtend van 8 mei kwamen de eerste Canadezen over de Oudedijk Kralingen binnen. Cocky, Jeanne en hun ouders, Anton, zijn moeder, broer Piet, de twee zussen, maar ook Jackie Jappe-Alberts met haar twee kinderen, de broodmagere Kees van den Engel, pater Hanckx, kapelaan Haanen en de verzetsfotograaf Albert Broekhuizen; ze stonden volgens Cocky en Jeanne allemaal juichend met vlaggen en sjaals bij het Oostplein om de Canadezen te verwelkomen terwijl ze over de Oostzeedijk de binnenstad in reden. 'Wat een feest!' vertelde Cocky jaren later, 'we konden nauwelijks geloven dat we nu echt bevrijd waren. God, wat waren we blij die Canadezen te zien!'

Een Kralingse inwoner noteerde in haar dagboek: 'Het is een ontroerend oogenblik, omdat je thans met eigen oogen ziet en daardoor beter beseft, dat in deze dagen een periode uit de geschiedenis van ons volk wordt afgesloten, waarover na eeuwen door de geslachten, die na ons komen, nog zal worden gesproken.'

Tegen het eind van de middag kwam de grote stroom militairen pas goed op gang. Een andere stadsgenoot beschreef het tafereel kleurrijk: 'Auto's, tanks, gevechtswagens, alle met bloemen en vlaggen versierd, trokken in een eindeloze rij de stad binnen, luid toegejuicht door een enthousiaste bevolking. Verschillende soldaten waren zichtbaar bewogen door zooveel hulde en uitbundige vreugde. Soms laaide het enthousiasme van de menschen zoo hoog op, dat men midden op den weg ging staan en voor de naderende voertuigen bleef dansen en springen, zoodat de bestuurders moesten stoppen. Handen werden gedrukt. De soldaten werden op de schouders rondgedragen. Het Engelse en Nederlandse volkslied werd gezongen. De soldaten deelden kaakjes en sigaretten uit en als de voertuigen weer in beweging gingen, waren zij bezet met tientallen jongens en meisjes, die den triomftocht door Rotterdam wilden meemaken.'

Het merendeel van de Canadezen sloeg de tenten op in de omgeving van de Heemraadssingel en de Mathenesserlaan. Rond zes uur 's avonds stonden er al honderden legervoertuigen en jeeps. Kookstellen gingen aan, flessen werden ontkurkt, muziek schalde uit radio's, blikken eten werden opengetrokken en opgewarmd, heerlijke etensgeuren vulden de lucht. Aggregaten gingen aan, elektrische verlichting flikkerde op, vreugdevuren werden ontstoken en er werd tot in de vroege uren gefeest, waarbij veel Rotterdamse vrouwen zich in de armen wierpen van de gespierde en weldoorvoede bevrijders in uniform.

De vrouw van dokter Quartero kon haar geluk niet op toen haar dochter Bertha – Ted – Quartero op dezelfde dag thuiskwam van kamp Ravensbrück en samen met haar de feestelijkheden op de Heemraadssingel gadesloeg. Met een beetje gemak zien we ook Cocky en Anton er met een bel cognac staan, terwijl ze het bevrijdingslegioen bekijken.

Het Vrije Volk schreef: 'Dit was de dag der dagen! De bevrijding is te geleidelijk geweest, de overgang van donker naar licht te langzaam. We konden het eigenlijk nog niet goed geloven.'

In een ander Rotterdams dagboek werd de rommelige bevrijding beschreven: 'Het geduld van de bevolking was daarbij erg op de proef gesteld, in de eerste plaats waar het ging om de komst van de bevrijders, maar zeker ook wat betreft de uitdeling van het aangevoerde voedsel, die voor velen nog tot 13 mei op zich zou laten wachten...'

Op enkele incidenten na was Rotterdam een vernietigende eindstrijd rondom de havens bespaard gebleven en de inwoners konden eindelijk de teugels wat laten vieren. Een Rotterdamse vrouw schreef in haar dagboek: 'Woensdag 9 Mei 1945 – Jan ging gisterenavond naar het feest van de Mecklenburglaan – er worden overal straatfeesten gehouden, met als hoogtepunt een groot vuur van verduisteringsmateriaal [...] Om drie uur op een geleende fiets [...] rijd ik voor 't eerst door de stad na de bevrijding. Wat een ander aspect! Op de Coolsingel een loud-speaker met vroolijke muziek, overal vlaggen en veel auto's en de Canadees als geheel opgenomen in het stadsbeeld.'

De telefoonverbindingen en de post kwamen geleidelijk weer op gang. Toen Jim Keeffe na een weken durende reis eindelijk in Seattle aankwam, liep vrijwel de hele gemeenschap uit om de verloren zoon te onthalen. Bij thuiskomst slaakte hij een diepe zucht van verlichting toen hij een briefje van Cocky en Anton zag. 'Vreemd genoeg dateerde de brief van Cocky en Anton van 20 juni 1945, maar het was pas 4 juni toen ik thuiskwam,' vertelt de piloot in zijn memoires. 'Het enige wat ik kon bedenken, is dat Anton per ongeluk juni heeft getypt in plaats van mei.'

'Geachte Mrs. Keeffe. Hoewel wij onbekend zijn voor u, sturen wij u ons woord dat uw zoon Jim, kapitein piloot, bij ons in huis verbleef gedurende twee maanden, te weten van 18 mei tot 15 juli 1944. Hij raakte niet gewond toen hij uit zijn bommenwerper sprong en verliet in goede gezondheid Rotterdam voor zijn reis naar Engeland. Sindsdien hebben we niets meer van hem vernomen en we willen graag weten of hij veilig thuis is aangekomen. Mijn vrouw en ik zullen u zeer erkentelijk zijn voor een snelle respons nu correspondentie weer mogelijk is.'

Jim was extatisch van geluk. 'Na maanden te zijn verteerd door schuldgevoelens en me zorgen te hebben gemaakt over wat er met mijn vrienden in Rotterdam was gebeurd, waarbij de slechtst denkbare scenario's door mijn hoofd gingen, was hier nu eindelijk het bewijs dat Cocky en Anton Sanders nog leefden!'

De volgende dag stuurde Jim een antwoord. Hij vertelde hoe hij in de val was gelopen in Antwerpen, hoe hij de lijst met namen onder ogen kreeg waar Antons naam op stond, hoe hij had geprobeerd een waarschuwingsbericht naar hen te sturen. Hij verklaarde nooit een woord los te hebben gelaten over hen, maar dat ze al van hun verzetsacties op de hoogte waren toen hij gearresteerd werd en hij eindigde de brief met 'Nou beste Ton en Cocky, ik zal nooit voldoende kunnen uitdrukken hoe dankbaar ik jullie beiden ben voor het feit dat jullie me gedurende die lange maanden hebben beschermd. Als ik ooit iets kan doen om mijn waardering beter te uiten, hoop ik dat jullie niet zullen aarzelen om me te schrijven.'

Ruim een maand later ontving Jim een uitgebreid antwoord van Cocky en Anton. De brief begon met felicitaties en hoe blij ze zijn dat hij de afschuwelijke gevangenschap had overleefd. Daarna vertelden ze over wie het niet hadden overleefd en wie wel. 'Pater Hanckx, kapelaan Haanen en Boy Sissingh hebben geen problemen gehad. Sissingh vroeg gisteren je adres om je te schrijven.' En Cocky en Anton schrijven tot in detail hoe ze de dans zijn ontsprongen op die dramatische 5 december 1944, de dag dat het hele huishouden van de familie Jappe-Alberts werd gearresteerd.

Vervolgens schreven ze de 'hongertijden goed te hebben doorstaan' en pas op 10 mei door de Canadezen te zijn bevrijd – Cocky en Anton vergisten zich, de Canadezen kwamen op 8 mei de stad binnen. Maar tegen het eind van de brief stond de vraag alweer centraal wie hen verraden zou kunnen hebben. Immers, die persoon zou nog steeds onopgemerkt in hun buurt kunnen rondlopen: 'Heb je enig idee wie de verrader was? De Groot, je hebt hem ontmoet op het adres van Van Dongen, is al neergeschoten door onze jongens; hij was een verrader. Ik kende hem niet.'

Daarna noemde Anton enkele namen van mensen die hij ervan verdacht verraders te zijn. Na nog wat details sluiten de Sanders' af met: 'We hopen dat je nu alle details over je vrienden in Rotterdam weet. In afwachting van een snelle en uitgebreide brief van je, wensen wij je heel veel geluk en succes. Je vrienden, Cocky & Ton.'

Gezien het machtsvacuüm en de chaos in Rotterdam, bleef het verzet kort na de bevrijding nog flink huishouden. Verraders werden doodgeschoten, collaborateurs opgepakt, moffenmeisjes kaalgeschoren, terwijl gecorrumpeerde verzetsmensen van alles achteroverdrukten.

Toen voltrok zich weken na de bevrijding een drama aan de Oostmaaslaan, op een van de schuiladressen van Jos de Groot, bij wie Cocky en Anton ondergedoken hadden gezeten. Na de mislukte overval op de Abwehr, waarbij Marinus van der Stoep werd neergeschoten, was Kitty van der Have op de vlucht geslagen, maar ze was inmiddels opgespoord door de mannen die betrokken waren bij de overval, onder wie Jos de Groot en Tjerk Elsinga. Vier van hen namen Kitty op 12 juni 1945 voor verhoor mee naar de woning van De Groot. Ze onderwierpen haar aan een gruwelijke marteling totdat ze al snel bekende de Duitse marinier op voorhand te hebben ingelicht, waardoor de Gestapo op de hoogte was van de overval. Waarom de mannen haar alsnog een dodelijke cyaankalispuit toedienden, haar levenloze lichaam in een jutezak naaiden en in het Boerengat gooiden, bleef lang de vraag.

Een paar dagen later kwam die zak bovendrijven en werd er een onderzoek ingesteld. Zowel Jos de Groot als Tjerk Elsinga, die er op de achtergrond bij betrokken was, werd voor de brute moord op Kitty veroordeeld; ze kregen voorwaardelijke straffen en waren even later alweer snel op vrije voeten.

Volgens diverse latere onderzoeken werd Kitty niet zozeer vermoord vanwege haar stommiteit haar liefje over de overval in te lichten, maar omdat ze te veel zou weten over alle louche zaakjes waar de verzetsgroepen 'Jos' van Jos de Groot en 'José' van Tjerk Elsinga bij betrokken waren. Jos de Groot en zijn ploeg gingen dikwijls als beesten tekeer en pleegden rond die tijd hoofdzakelijk nog overvallen waar flink veel geld mee kon worden buitgemaakt.

De grote LO-baas Tjerk Elsinga werd kort na de oorlog veroordeeld omdat hij allerlei waardevolle spullen van omgekomen Joden achterovergedrukt had. Veel leden van het 'nobele' verzet gleden in de dagen na de bevrijding af tot hetzelfde laaghartige niveau van de Duitse bezetter.

Cocky had ongetwijfeld al snel gehoord over de gruwelijke moord op haar collega-fietskoerierster en wie daarachter zaten. Dat moment moet er iets zijn geknapt. Jeanne zal jaren later vertellen dat Cocky tijdens de oorlog onverzettelijk leek en manmoedig bleef voortploeteren op haar fiets, maar ruim een maand na de bevrijding kreeg ze een zenuwinzinking die wekenlang aanhield. 'Net als na het grote bombardement van mei 1940, was ze nu ook weken haar bed niet uitgekomen terwijl ze badend in het zweet lag te ijlen in haar slaap.'

Dat dezelfde 'goede' mensen nu net zo 'fout' waren als de monsters die waren verdreven, moet moeilijk te verkroppen zijn geweest. De rest van haar leven zwijgt Cocky in alle toonaarden over de oorlog.

Nawoord

De reconstructie van Cocky's verzetsjaren ging niet zonder slag of stoot. Ik kon onmogelijk voorzien hoezeer het schrijven over die vijf verschrikkelijke oorlogsjaren mij bij tijd en wijle bij de keel zou grijpen. De terreur waar mijn oma getuige van was geweest, viel nauwelijks te rijmen met haar ogenschijnlijk zo ongeschonden zachtaardige karakter. Nooit kon je haar betrappen op enig cynisme of naargeestigheid, ze liep over van empathie en warmhartigheid. Iedereen die betrokken was bij de totstandkoming van haar oorlogsverhaal was er eensgezind over: Cocky stond altijd voor iedereen klaar.

Als kleinkind kon ik me geen fijnere oma wensen. Aangezien mijn beide ouders werkten, kwam ik iedere dag na school bij haar over de vloer. Dan verraste ze me vaak met een nieuwe outfit voor een van mijn knuffels waar ze de hele ochtend aan had zitten werken en terwijl ze havermout of poffertjes maakte, neuriede ze zachtjes 'La vie en rose'.

Als we na de lunch in de weer waren met plaksels en knipsels, had ze altijd wel een verhaal in petto. Heel af en toe ging dat over de oorlog. Ze vertelde weleens over de onderduiker Jimmy, dat ze in de oorlog enorme afstanden aflegde op haar fiets en dat ze tijdens de Hongerwinter mensen hielp die honger leden. Mijn oren klapperden. Die verhalen spraken tot de verbeelding. Over de naarste zaken liet ze nooit iets los.

Soms lieten de ouderen zich op verjaardagen weleens wat ontvallen over de meer spannende en grappige oorlogsonderwerpen – die er ook in overvloed waren – maar zodra de gruwelen ter sprake kwamen, zweeg Cocky. En zo slokten de jaren de meeste van haar oorlogsverhalen op.

Na een lang ziekbed hielden mijn moeder en ik haar hand vast toen ze op kerstavond 1991 ineens met grote ogen rechtop ging zitten en met een diepe zucht haar laatste adem uitblies. We waren opgelucht. De eens zo kloeke, beeldschone vrouw was dusdanig afgetakeld dat het een verlossing was nu er een eind aan haar lijdensweg was gekomen. Na het overlijden van oma Cocky vervlogen de herinneringen geleidelijk en verdwenen haar verhalen steeds meer naar de achtergrond.

Met haar overlijden leek haar boek voorgoed gesloten.

Maar bijna een kwart eeuw later kwam haar verhaal plotsklaps weer tot leven. Op 4 mei 2014 keek ik naar een televisiereportage van Rijnmond TV over een Amerikaanse piloot die in de Tweede Wereldoorlog in Rotterdam ondergedoken had gezeten. Zijn zoon had de memoires van zijn vader gebundeld in het boek *Two Gold Coins and a Prayer* en was naar Rotterdam afgereisd om de onderduikadressen van zijn vader met eigen ogen te zien. Tot mijn verbazing zag ik de Amerikaan in een woning aan de Breitnerstraat niet alleen verhalen vertellen over zijn vader luitenant-kolonel James – Jim – Keeffe, maar ook over mijn grootouders Cocky en Anton Sanders. De reportage eindigde met de woorden: 'De familie Sanders is uiteindelijk verraden. Hoe het hun verder is vergaan, is onbekend.' Onmiddellijk sloeg ik verwoed aan het bellen en het lukte me dezelfde dag nog een afspraak te maken met de zoon van de Amerikaanse piloot en mijn moeder.

De oorlogsveteraan James Keeffe was tot hij in 2015 overleed helder van geest en hij had samen met zijn zoon jarenlang aan zijn oorlogsmemoires gewerkt. Toen mijn moeder en ik zijn zoon Jim Keeffe in Rotterdam ontmoetten, vielen we van de ene in de andere verbazing. Jim was mateloos gefascineerd door de oorlogsavonturen van zijn vader, spendeerde jaren aan het uitpluizen van zijn herinneringen, het controleren van de verhalen en het doorspitten van archieven en schreef er een prachtig boek over. Naar de ontmoeting met mij en mijn moeder nam hij een doos mee vol met stapels brieven, documenten en oude foto's die van alles onthulden over de verzetsactiviteiten van Cocky en Anton tijdens de Tweede Wereldoorlog in Rotterdam. Mijn moeder en ik stonden perplex; de oorlogsjaren van Cocky en Anton kregen een nieuwe dimensie.

Nadat ik in mei 2019 drie pagina's van het *NRC* mocht vullen met een artikel over Cocky – 'Ode aan mijn oma' – ontstond het idee voor een boek. Ik realiseerde me dat ik bij het onderzoek voor het artikel alleen wat aan de oppervlakte van alle beschikbare bronnen had gekrabbeld en dat er veel meer boven water viel te halen.

Allereerst begon ik familieleden uitgebreid te interviewen. Vaak meerdere keren zelfs over verschillende periodes. Mijn ervaring is dat mensen vaak niet meteen alles prijsgeven wanneer ze geconfronteerd worden met vragen die terugvoeren naar verre tijden. Maar langzaamaan druppelde er steeds meer nieuwe informatie binnen.

Tijdens de gesprekken met naasten ontdekte ik ook bij mezelf nog herinneringen aan verhalen die Cocky en Jeanne met mij hadden gedeeld. Niet alleen bracht ik in mijn jeugd veel tijd door met Cocky, ik was ook erg op Jeanne gesteld en bleef vaak bij haar logeren.

Mijn moeder onderwierp ik dikwijls aan stevige kruisverhoren. Dan kon ik het niet nalaten maar door te blijven zagen over wat ze in mijn ogen allemaal nog moest weten over haar ouders. Die verborgen informatie moest er in mijn ogen – en tot grote frustratie van ons beiden – uitgeperst worden. Maar de oorlog was voor de kinderen van Cocky en Anton altijd een blinde vlek geweest en de verhalen karig. Er werd niet of nauwelijks over gesproken.

Veel van wat mijn moeder Monique en haar broer Paul wisten te recapituleren, waren verhalen van derden. Na de oorlog hadden verschillende mensen hun verteld hoe dankbaar ze hun ouders waren voor wat ze in de oorlog voor hen hadden betekend. De familie Waisvisz, de familie Ivens, de familie Löwe, de familie Frank; dankzij hen vermoedden Monique en Paul dat hun ouders een bijzondere rol moesten hebben gespeeld in de oorlog.

Mijn moeder refereerde ook aan een gesprek dat ze in de zomer van 2003 had gehad met de destijds vierentachtigjarige Ans Segers, die van 1940 tot het voorjaar van 1942 naai-assistente was geweest in de kleermakerij van Anton. Ze deelde allerlei details over hoe het er destijds in de kleermakerij aan toeging, ook over de meer clandestiene zaken en ze vertelde kleurrijk over het huwelijk van Cocky en Anton en alle voorbereidingen die dat met zich meebracht.

Op instigatie van mijn moeder zocht ik ook de voormalige buurjongen op van Cocky en Anton, Eduard Waisvisz, die in de oorlog met zijn ouders anderhalf jaar naast hen woonde aan de Breitnerstraat, voordat ze moesten onderduiken. Na de oorlog woonden ze nog zestien jaar naast Cocky en Anton. Ook de getuigenissen van het voormalige buurmeisje Truus Buijtendijk leverde een schat aan verhalen op. Ze woonde van 1942 tot 1961 naast Cocky en Anton en was sinds de oorlog nooit uit de Breitnerstraat verhuisd. Via deze twee levende ooggetuigen kon ik terugreizen naar mijn jonge grootouders in oorlogstijd; hun verhalen waren goud waard.

Door alle verhalen van familie en ooggetuigen op een tijdlijn te zetten, kreeg het verhaal een geraamte, een structuur van feiten en mijlpalen. Zoals het feit dat Cocky en Anton samen op 14 mei 1940 in de buurt van de Noordblaak een bommenregen overleefden, maar ook hun huwelijk tijdens de bezetting, de verhuizing naar de Breitnerstraat, de kleermakerij aan de Mauritsweg, en allerlei andere belangrijke plaatsen en data in het leven van mijn grootouders tussen 1940 en 1945.

Tezamen met de in 2014 ontdekte naoorlogse correspondentie van Cocky, Anton en vriendenkring, de memoires van de Amerikaanse piloot én de documentatie die ik in 2019 in verschillende archieven vond en die betrekking hadden op het verzetswerk van Cocky en Anton, kreeg het verhaal steeds meer vorm.

Daarna ben ik alle relevante details gaan bestuderen over het decor waartegen *Cocky* zich afspeelt, het Rotterdam tijdens de Tweede Wereldoorlog en het Rotterdamse verzet.

Gedurende maanden dompelde ik me onder in de Rotterdamse oorlogsmaterie. Het volume aan naslagwerken, analyses, rapporten, oraties, dissertaties, films en documentaires was overweldigend. Alhoewel de oorlogsgeneratie zelf grotendeels zweeg, raakten daaropvolgende generaties er niet over uitgepraat.

Ik doorploegde tal van bibliotheken op relevante informatie en spitte door archieven van het NIOD, het Nederlands Instituut voor Militaire Historie, het Oorlogsverzetsmuseum Rotterdam, het Stadsarchief Rotterdam, het Nationaal Archief in Den Haag en de National Archives in Washington en in Londen.

Toen ik in de zomer van 2019 in het Nationaal Archief niet

alleen op Antons aanvraag voor een Verzetsherdenkingskruis stuitte, maar even later ook een dossier in de Britse archieven vond dat bij een Eisenhower Certificate Award hoorde die Anton in 1946 ontving, vielen me de schellen van de ogen. Tal van 'beroemde' verzetsnamen werden erin genoemd met wie Cocky en Anton nauw hadden samengewerkt. Niet alleen kwamen veel van hun verzetsvrienden in de geschiedenisboeken over het Rotterdamse verzet voor – naar enkelen van hen waren zelfs straten en pleinen vernoemd – ook doken de namen van die verzetsmensen constant op in de memoires van de Amerikaanse onderduiker en de naoorlogse briefwisselingen van Cocky en Anton en vrienden. Steeds meer kwam naar voren dat Cocky en Anton niet alleen wat hand- en spandiensten hadden verricht, maar zich ook hadden ingelaten met het serieuzere verzetswerk.

Na verloop van tijd beschikte ik over meerdere lagen met data en feiten waarop ik het oorlogsverhaal van de Sanders' nauwkeuriger kon reconstrueren. Veel losse fragmenten over hen konden vanaf dat moment in de context worden geplaatst. Cocky's verhaal begon tot leven te komen.

Ik dompelde me onder in stapels dossiers en rapporten, over de naoorlogse 'zwijg-generatie' bijvoorbeeld, over de verhoren van 'foute' Nederlanders, maar ook medische rapporten over de effecten van honger op een mens, over de impact van bommen op lichamen en de posttraumatische stressstoornis- en shellshockeffecten op de psyche van oorlogsslachtoffers. Ik wilde alles weten over de bombardementen op Rotterdam en ontdekte gedetailleerde lijsten over waar en wanneer er welk type bom in Rotterdam was gevallen. Ook over het Rotterdamse verzet, de Jodenvervolging, de Arbeitseinsatz, de concentratiekampen, de gevolgen van een oorlog op volgende generaties, de talloze Rotterdamse dagboeken en briefwisselingen die in de oorlog zijn geschreven; ik kreeg er geen genoeg van.

Tijdens mijn onderzoek stuitte ik constant op allerlei pareltjes, ogenschijnlijk los van elkaar staande feiten die eenmaal vervlochten tot een coherent verhaal uitgroeiden. Ook werkte ik me door de transcripties van de gesprekken van Jim en zijn vader James Keeffe over mijn grootouders heen, die deels wel en deels niet in zijn memoires waren opgenomen. Met Jim, de zoon van de piloot, kreeg ik een hechte band. Hij had tijdens zijn jarenlange onderzoek een enorm archief aangelegd waaruit ik vrijelijk mocht putten. Tijdens het schrijven van *Cocky* had ik op een bepaald moment bijna dagelijks telefonisch contact of e-mailcorrespondentie. Zonder al zijn noeste voorwerk had ik het verhaal over mijn grootouders nooit tot leven kunnen wekken. Jim beschouwde mij als een lotgenoot en waarschuwde meermaals. '*Once you're hooked, Michael, you're gone for good.*'

Hij kreeg gelijk.

Na verloop van maanden beschikte ik over voldoende materiaal om het verhaal waarheidsgetrouw op te tekenen. De feiten, familieherinneringen en getuigenissen haakten ineens in elkaar. Niet alleen kon ik het decor waartegen hun oorlogsactiviteiten zich afspeelden met alle parate kennis nu accuraat optuigen, ook kreeg ik steeds meer inzage in de diverse verzetsgroepen waarbinnen ze zich bewogen en kon ik hun rol daarin realistisch, of in ieder geval hoogst plausibel, weergeven.

Een voorbeeld.

Niemand van haar nakomelingen had Cocky na de oorlog ooit nog op een fiets zien zitten, terwijl iedereen wél de verhalen had gehoord dat ze ontzettend veel had gefietst in de oorlog. Toen Jim in zijn memoires schreef dat Cocky in 1944 nog over goed functionerende fietsen beschikte met rubberen banden, terwijl de meeste fietsen kale velgen en houten wielen hadden of al in beslag waren genomen door de Duitsers, ging er bij mij een belletje rinkelen. Want ik had gelezen dat alleen mensen met speciale vergunningen en koeriers die voor het verzet werkten nog over degelijke fietsen beschikten. En aangezien Cocky vertelde dat ze ook tijdens de Hongerwinter arme gezinnen aan voedsel had geholpen, blijkt dat ze, in tegenstelling tot het leeuwendeel van de Rotterdammers, dus nog over voldoende middelen beschikte om anderen te helpen. Dat kon alleen als je over voldoende geld beschikte om op de zwarte markt peperdure levensmiddelen te kopen of aangesloten was bij het verzet en privileges genoot. En aangezien diverse Joodse mensen jaren na de oorlog aan Monique vertelden dat Cocky in de oorlog zo goed voor hen was geweest, kwam voor mij onomstotelijk vast te staan dat Cocky een smokkelende fietskoerierster binnen het verzet was geweest. Oma bleek een held.

Het was opvallend dat Cocky na de oorlog nooit meer een fiets zou aanraken, terwijl er wél vaak fietsuitstapjes werden gemaakt. Dan bleef ze thuis. De fiets moet bij haar direct weer alle verschrikkingen hebben opgeroepen waar ze in de oorlog getuige van was geweest.

Nog een voorbeeld. De familieleden wisten van de illegale krantjes en voedselbonnen die Anton verspreidde via de kleermakerij. Maar toen ik Antons aanvraag voor het Verzetsherdenkingskruis onder ogen kreeg en hij er niet alleen in vermeldde dat ze onderduikers huisvestten, illegale krantjes, valse persoonsbewijzen en voedselbonnen smokkelden maar ook mensen 'ziek maakten' met valse medische documentatie om deportatie te voorkomen, werd duidelijk dat het stel niet zijdelings betrokken was, maar zich intensief inzette voor de LO – de Landelijke Organisatie voor Hulp bij Onderduikers.

Maar daar bleef het niet bij. Nadat mijn grootvader in een van de naoorlogse brieven aan Jim schreef dat 'onze jongens de verrader al hadden omgelegd', en Anton even verderop talloze namen vermeldde van gewapende verzetsvrienden, werd duidelijk dat ze ook een hechte band hadden met de Landelijke Knokploegen: het gewapende verzet.

Hoe Cocky en Anton en de hele oorlogsgeneratie psychologisch de terreur en de verwoestingen te boven kwamen na de oorlog laat zich raden. Er zijn talloze rapporten geschreven over de wederopbouw van de havenstad, maar aan het psychologische leed werd die eerste naoorlogse jaren nauwelijks aandacht besteed. Je kon er maar beter niet over praten, dat maakte het alleen maar erger.

In 1959 kwam piloot Jim, die toen in het Duitse Wiesbaden was gestationeerd, weer bij Cocky en Anton op bezoek. Mijn moeder was toen twaalf jaar en haar broer Paul elf; beiden weten ze zich niets te herinneren van dat bezoek, maar gelukkig maakte Jim veel foto's.

Ze zitten met z'n allen aan de eetkamertafel. Ze ondernemen met z'n vijven een trip langs de steden waar Jim in de oorlog was geweest en bezochten talloze locaties in Rotterdam. Daarna zou het contact tussen Jim en Cocky en Anton verwateren. Waarom is niet helemaal duidelijk, maar de tijden veranderden in razend tempo. Het moet bijna niet bij te benen zijn geweest voor de oorlogsgeneratie. Het gezin, het werk, de hobby's en vrijetijdsbesteding drongen de gruwelijke herinneringen naar de achtergrond. Niets moest nog aan die oorlogsjaren herinneren.

Met de wederopbouw van de stad begon het heien, de soundtrack van Rotterdam. Het Groothandelsgebouw werd gebouwd. De modernste winkelstraat ter wereld aangelegd, de Lijnbaan.

Het Zadkine-beeld *De verwoeste stad* werd op z'n sokkel gehesen. Er kwam een nieuwe Bijenkorf aan de Coolsingel en het hoogste gebouw van de stad groeide gestaag de wolken in: de Euromast. Pop- en rockmuziek vaagden de gangbare muziekstromen van de kaart. Elvis Presley bestormde de hitparades, even later gevolgd door The Beatles. Het modebeeld veranderde razendsnel. De handgesneden maatpakken van Anton vonden steeds minder aftrek en hij moest het steeds vaker afleggen tegen de concurrentie met confectie.

In 1961 belandden Cocky en Anton in een huwelijkscrisis. Cocky klaagde rond die tijd dat ze nauwelijks voldoende huishoudgeld kreeg om voor haar kinderen te zorgen. Anton scheen constant de hort op te zijn in het uitgaanscircuit en was nauwelijks nog thuis bij zijn gezin te vinden. Monique vertelde dat als hij al thuis was, ze het soms niet eens in de gaten hadden, want dan had hij zich boven verschanst en zat muisstil in een donkere kamer. 'Soms wisten we pas dat hij thuis was geweest, als we hem de voordeur achter zich dicht hoorden trekken.'

Anton was steeds vaker in het nachtleven te vinden waar ze hem 'Mooie Toni, van de grote fooien' noemden.

In het voorjaar van 2019 vertelde Eduard Waisvisz dat Anton ergens begin jaren zestig een bedrag van tienduizend gulden had geleend van zijn vader. Dit bedrag zou hij nooit in valuta terugbetalen, maar in kleding. Eduard zei dat na verloop van tijd de garderobekasten van de Waisvisz' uitpuilden met kleding van Kleermakerij Anton Sanders.

Eind jaren zeventig hield de kleermakerij op te bestaan. Anton schreef in zijn aanvraag voor een Verzetsherdenkingskruis begin jaren tachtig: 'Thans zit in mijn pand het Griekse consulaat.' Daarna zou niemand van de familie Anton ooit nog spreken.

Anton was voor mij altijd een enigma. Toen hij in 1992 overleed, bleek hij twee straten van mij vandaan te wonen. Dat stemde mij verdrietig; ik had hem, ondanks de minder florissante verhalen die over hem circuleerden, graag eens gesproken. Volgens mijn moeder vertoonde ik veel uiterlijke overeenkomsten met hem.

Begin 1982 was ik me als elfjarige aan het voorbereiden op een spreekbeurt. Dat moest over de oorlog gaan, besloot ik. Ik vroeg mijn oma het hemd van het lijf, over de Duitsers, de bommen, over de onderduikende piloot Jimmy, de Hongerwinter en de bevrijding, maar toen het haar te veel werd zei ze: 'Waarom kies je D-day niet als onderwerp voor je spreekbeurt?'

Na even twijfelen volgde ik haar advies op. Dus stortte ik me wekenlang op de codenamen voor de invasiestranden (Utah, Omaha, Gold, Juno en Sword), het aantal troepen, de soorten vliegtuigen, artillerieposities, tanks, noem maar op. Pas bij het schrijven van *Cocky* kwamen deze herinneringen over mijn spreekbeurt boven borrelen en realiseerde ik me hoe ik Cocky destijds met mijn vragenvuur in het nauw moet hebben gedreven. Dat ik me op D-day focuste als spreekbeurtonderwerp moet haar tevreden hebben gestemd; het nieuws over de langverwachte geallieerde invasie moet op het huwelijksfeest en de bevrijdingsdag na, haar mooiste oorlogsherinnering zijn geweest.

Tijdens het schrijven over Cocky werd ik vaak overvallen door een gevoel van weemoed. Dan realiseerde ik me ineens dat ik over haar schreef op jonge leeftijd, terwijl ik zelf inmiddels de leeftijd van haar vader had bereikt. De affectie voor mijn jonge, heldhaftige grootmoeder nam hand over hand toe: wat een moed, altruïsme, compassie en levenskracht, en wat een bescheidenheid.

Ik droomde tijdens het schrijven vaak tussen de regels weg. Dan stelde ik me voor dat ik haar weer eens zou ontmoeten. Dat we als twee volwassenen tegenover elkaar van gedachten zouden wisselen. Of dan stelde ik me voor dat we elkaar als leeftijdsgenoten op de lichtgevende dansvloer van Pschorr tegenkwamen of dat ik haar met Jeanne over de kade van een van de oude pittoreske haventjes zag struinen. Ik zou er veel voor overhebben haar nog één keer te mogen ontmoeten, nu ik weet wat ik niet wist toen ze nog leefde.

Tussen de spullen van Cocky vond ik een dichtbundel uit 1940 van de Haagse dichteres M. Vasalis waarbij de ezelsoren bij het volgende gedicht opvielen:

Tijd

Ik droomde, dat ik langzaam leefde...
langzamer dan de oudste steen.
Het was verschrikkelijk: om mij heen
schoot alles op, schokte of beefde,
wat stil lijkt. 'k Zag de drang waarmee
de bomen zich uit de aarde wrongen
terwijl ze hees en hortend zongen;
terwijl de jaargetijden vlogen
verkleurende als regenbogen...
Ik zag de tremor van de zee,
zijn zwellen en weer haastig slinken,
zoals een grote keel kan drinken.
En dag en nacht van korte duur
vlammen en doven: flakkrend vuur.
De wanhoop en welsprekendheid
in de gebaren van de dingen,
die anders star zijn; en hun dringen,
hun ademloze, wrede strijd...
Hoe kón ik dat niet eerder weten,
niet beter zien in vroeger tijd?
Hoe moet ik het weer ooit vergeten?

M. Vasalis

Illustratieverantwoording

1 © Barzilay Media Archief
2 © Keeffe Archives
3 Collectie Stadsarchief Rotterdam, 4001_1979-177
4 Collectie Stadsarchief Rotterdam, 4210_28
5 Collectie Stadsarchief Rotterdam, 4210_35
6 Collectie Stadsarchief Rotterdam, 4100_2005-5372
7 Collectie Stadsarchief Rotterdam, 4232_III-231-00-01
8 Collectie Stadsarchief Rotterdam, 4287_FD-13126
9 © A.L.M.A Hustinx, 1940 | Hustinx Dia Archief | Collectie Stadsarchief Rotterdam, 4287_2003-172
10 © Jan Willemstijn | Collectie Stadsarchief Rotterdam, 4287_1988-1252
11 © Barzilay Media Archief
12 © Barzilay Media Archief
13 © Keeffe Archives
14 © Keeffe Archives
15 © Keeffe Archives
16 Collectie Stadsarchief Rotterdam, 4210_186
17 Collectie Stadsarchief Rotterdam, 4210_185
18 © Keeffe Archives

19 © Keeffe Archives
20 © Keeffe Archives
21 & 22 © Barzilay Media Archief
23 © Barzilay Media Archief
24 © Barzilay Media Archief
25 © Keeffe Archives
26 © Keeffe Archives
27 © Barzilay Media Archief